이제는
기본권 개헌이다

이제는
기본권 개헌이다

진정한 민주공화국을 위하여

초판 1쇄 찍은날 2015년 9월 22일
초판 1쇄 펴낸날 2015년 9월 25일

지은이 신기남

펴낸이 최윤정
펴낸곳 도서출판 나무와숲 | 등록 2001-000095
주 소 서울특별시 송파구 올림픽로 336 1704호(방이동, 대우유토피아빌딩)
전 화 02)3474-1114 | 팩스 02)3474-1113 | e-mail : namuwasup@namuwasup.com

ISBN 978-89-93632-48-4   03340

이제는
기본권 개헌이다

진정한 민주공화국을 위하여

신기남 지음

왜 기본권 개헌을 말하는가?

20년 정치인생

나의 정치 인생도 어느덧 20년에 다다랐다. 나름 우여곡절이 많았던 세월이었다.

1995년 처음 정치에 입문했을 때 꿈꿨던 것은 최초의 수평적 정권 교체였다. 이 꿈은 DJ 당선으로 이뤘다. 정치를 시작하며 김구 선생의 바람처럼 우리나라를 문화강국으로 만들어 보자는 꿈을 꿨다. 초·재선 8년간 상임위원회로 문화관광위원회를 고수하며 통합방송법, 영화진흥법, 문화산업진흥기본법 제정을 위해 동분서주했던 기억이 지금도 새롭다.

막상 정치 세계에 들어와 보니 내가 생각했던 정치와는 거리가 있었다. 내가 목도했던 것은 고비용 금권 정치, 보스 정치, 계보 줄세우기 정치, 지역주의 정치였다. 이래서는 정치가 한 걸음도 나아갈 수 없다는 절박감에 2001년 민주당의 정풍 운동을 주도하는 대열에 참여했다. 소위 '천·신·정'이라는 레테르가 매겨졌다. 그 결과 2002년 국민참여 경선을 통해 노무현 대통령이 탄생할 수 있었다.

2003년 정치 개혁, 지역주의 극복, 전국 정당화를 기치로 열린우리당 창당에 앞장섰다. 2004년 총선에서 열린우리당은 과반 의석을 얻었다. 그러나 위기는 곧 닥쳤다. 다수당 개혁 정부라는 역사상 최초의 과업을 이뤘지만 대한민국을 어떤 나라로 만들지 그 비전과 노선이 제대로 준비되어 있지 않았다. 당에서는 정치 기술에 가까운 '중도 실용'이 당의 노선으로 내세워지고, 노무현 정부도 '좌파 신자유주의'라는 말을 들을 정도로 이념적으로 혼란스러웠다.

나는 노선과 비전의 확실한 정립이 필요함을 절감하고 뜻있는 이들과 함께 2005년 '신진보연대'를 결성했다. 전체주의의 함정에 빠져 역사적으로 실패 판정을 받은 낡은 진보, 사회 양극화라는 재앙을 불러온 시장만능주의를 극복하기 위해 국가를 민주적으로 재조직해야 한다는 것이 신진보 노선의 골자다. 신진보 노선의 확장을 위한 공론의 플랫폼으로 정치 무크지인 『신진보 리포트』를 만들었다. 2005년부터 현재까지 통권 17호가 될 때까지 꾸준히 발간해 왔다.

'신진보연대'는 사실 유력한 단체라 할 수 없다. 그러나 나는 무한한 자부심을 갖고 있다. 내가 신진보주의를 처음 애기할 때만 해도 '진보'라는 말은 제도정치권에서 쉽게 말할 수 없는 금기어에 가까웠다. 레드 콤플렉스에 대한 두려움 때문이었다. 하지만 이제 진보라는 말은 야권의 보편적 언어로 자리 잡았다. 반가운 일이다. 오늘의 이 현상에 나의 지난 10년간 노력이 일정한 역할을 했다는 자부심을 품고 있다.

왜 기본권 개헌을 말하는가?

대한민국 헌법 제1조 2항은 "대한민국의 주권은 국민에게 있고, 모든 권력은 국민으로부터 나온다"고 주장한다. 우리나라는 대의정치를 위해 국민의 손으로 대통령을 뽑고, 국회의원을 뽑고 지방정부의 수장을 뽑는다. 국민 주권의 온전한 행사를 위한 대리자로 뽑는 것이다.

그동안 개헌의 핵심 주제는 권력구조 문제였다. 국민 주권의 대리자인 대통령, 국회의원, 지방정부의 권력을 어떻게 나눌 것인가 하는 문제에 집중했다는 것이다.

제왕적 대통령제라고 말하듯이 우리나라는 대통령으로 대표되는 중앙정부의 힘이 너무 세다. 민주주의는 '견제와 균형' 원리를 따라야 하는데 너무 센 대통령 권력 앞에서 이 원리는 너무 무기력하기

만 하나. 그래서 대통령에 집중된 권력을 나누자는 뜻에서 이원집정부제, 또는 의원내각제로 바꾸자는 주장을 한다. 또 일각에서는 지방정부의 힘을 더 세게 하는 방향으로 중앙정부에 집중된 권한을 나누자는 주장을 한다. 나는 의회주의자로 의원내각제를 선호하고, 지방정부의 힘을 더 세게 하자는 분권형 개헌에도 찬성한다.

그런데 나는 진보적 개헌을 위한 근본 주제는 권력구조 개편에 있는 것이 아니라 국민의 기본권 확대에 있어야 함을 주장한다. 국민 주권 대리자 간의 권력 분산에 앞서 더 중요한 것이 국민의 주권을 확대하고 튼튼하게 하는 것이다. 그것이 토대가 돼야 한다. 그 토대 위에서 주권 대리자가 정치 행위를 할 수 있도록 해야 한다.

개헌을 통해 국민에게 더 많은 자유, 더 많은 인권, 더 높은 사회경제적 권리를 보장해야 한다. 그래야만 우리 대한민국이 더 공정하고, 더 정의롭고, 더 공생하는 방향으로 나갈 수 있다. 국민의 풍요로워진 기본권에 공감할 수 있는 정치가 이뤄질 수 있다.

우리나라는 세계 10위권의 경제력과 국방력을 갖고 있다. 나라는 부국강병의 반열에 있다. 그 바탕에는 OECD 국가 중 수위를 다투는 노동시간을 감수하면서 열심히 일해 온 노동자들, 대학 진학률 1위, 사교육비 1위로 대표되듯 교육에 올인했던 학부모들이 있었다. 그러나 노인빈곤율 1위, 청소년불행지수 1위, 자살률 1위가 말하듯이 다수의 국민들은 행복해하지 않는다. 올해 발표된 OECD 보고서를 보면 OECD 32개국 중 우리나라 정부와 검찰 등 사법기구에 대한 신뢰 수준은 31위로 거의 꼴찌다. 주변 사람들에 대한 사적 신뢰 수준도 28위로 바닥권이다.

정보화, 세계화, 저성장, 저출산, 고령화, 비정규직 확대, 사회 양극화, 심각한 청년 실업이 모두 우리나라가 맞닥뜨린 버거운 과제들이다. 이 시대 변화상 앞에 대한민국은 어디로 갈지 갈피를 못 잡고 있다.

16세기 후반 이이(이율곡)는 당시 조선 사회가 "백성의 원기가 이미 쇠퇴해 이대로는 10년이 못 가서 화란이 일어날 것"이라 경고하며 일대 경장更張이 필요함을 끊임없이 역설했다. 그는 "시의時宜라는 것은 때에 따라 변통하여 법을 만들어서 백성을 구하는 것"이라며 시대 변화에 따른 낡은 법의 개정, 즉 경장을 통해 조선의 쇠락을 막고 도약의 계기를 만들어야 한다고 주장했다.

경장의 원래 의미는 느슨해진 거문고의 줄을 팽팽하게 고쳐 맨다는 뜻이다. 우리 헌법은 변화하는 시대의 흐름에 따라 팽팽해지기를 요구받은 채 느슨하게 매달려 있는 거문고 줄이다. 경장으로서의 개헌이 필요하다.

이제 기본권 개헌은 내가 이뤄야 할 정치적 꿈이 됐다.

책을 내게 된 경위

올해 7월 10일 '이제는 기본권 개헌이다'라는 제목으로 국회에서 토론회를 열었다. 그 토론회는 『기본권 개헌을 위한 방향과 과제』라는 나의 신간 서적 발간에 대한 출판기념회 성격을 띤 것이었다. 토론회는 예상 이상으로 성황을 이루었다. 토론회 당일에는 많은 국회의원들과 외부 인사들이 참석하여 축사를 하거나 토론에 참여하기도 했다. 언론도 꽤나 관심을 가져주는 편이었다. 기대에 어긋나지 않는 반응과 함께 그날 이후 '기본권 개헌론'은 확실한 나의 트레이드 마크가 될 수 있었다.

그때 발간한 나의 책은 전문서적의 성격이어서 군이 시중에 판매하는 책이 아니라 비매품인 정책보고서 형식을 취했다. 그런데 의외로 책 내용에 대한 반응이 뜨거워지던 중 급기야 '도서출판 나무와숲'에서 같은 제목과 같은 내용으로 정식으로 시중에 발매하자는 제안을 받기에 이르렀다.

책 내용에 대해서는 자부심이 있었으나 세세한 내용에 대해서는 학문적으로 자신감이 부족했기 때문에 잠시 제안에 응하기를 망설였다. 그러나 워낙 중요한 이 내용이 전문가뿐만 아니라 대중에게도 전달되어 큰 흐름이 되길 바라는 마음이 절박하여 그렇게 하자고 결단을 내렸다. 그 출판사가 평소 좋은 책을 많이 내고 있다고 믿는 신뢰감도 한몫 거들었고.

하는 김에 완성도를 높이기 위해 손보기를 좀 했다. 덕분에 부끄러움이 조금은 줄었다고 본다. 이러한 제안을 하고 책 발간에 여러모로 도움을 준 출판사에 감사드린다. 아울러 김호경·윤천원 두 동지의 헌신에도 감사드린다. 필자 이상으로 주도적 역할을 수행한 그들이 없었다면 이 책의 발간은 불가능했을 것이다.

아무쪼록 이 책의 시중 발간을 계기로 기본권 개헌에 대한 왕성한 논의와 실질적인 움직임이 일어나기를 기대해 본다. 진정한 민주공화국을 위하여.

2015년 9월
신기남

바람직한 개헌을 위한 안내서

임 지 봉

서강대 법학전문대학원 교수
한국헌법학회 상임이사

우리 헌법은 1948년에 제정된 이후, 9차에 걸쳐 개정되었다. 9차에 걸친 헌법 개정사를 돌이켜보면 정치권의 이해득실 계산에 따라 개헌 논의가 촉발되고 충분한 국민적 공론화 과정이 생략된 채 정치권의 주도로 서둘러 개헌이 감행된 경우가 많았음을 알 수 있다. 대통령의 임기를 4년으로 할지 5년으로 할지, 대통령의 연임을 허용할지 말지, 정부 형태를 대통령제로 할지 의원내각제로 할지와 같은 정치권의 관심 사항에 개헌의 초점이 모아져 왔다는 사실 자체가 이에 대한 한 방증이다.

헌법 조항들은 국민의 기본적 권리에 관한 기본권 조항과 권력구조에 관한 통치구조 조항으로 크게 나뉜다. 이 중에서 통치구조 조항도 궁극적으로는 '국민의 기본권 보장'을 위해 가장 바람직한 통치구조가 어떤 것이어야 하는가를 고민해야 하는 만큼, 기본권 조항은 헌법 조항들 중에서도 가장 중요한 목적 조항들이고 국민 실생활과도 직결된 조항들이다. 개헌을 하지 않고 현행 헌법상의 조항들을 가지고 기본권 보장을 최대한 실현시키는 탄력적인 헌법 해석을 통해 문제를 해결해 나갈 수도 있겠지만, 이러한 노력들에는 한계가 있을 수밖에 없다.

그래서 기왕에 현행 헌법의 개정에 대다수 국민들이 동의를 해서 헌법을 개정한다면, 개헌 논의 자체가 통치구조 조항보다는 국리민복國利民福을 위한 기본권 조항 개정에 초점을 맞추어 제기되고 진행되는 것이 바람직하다고 믿는다. 개헌을 한다면 '정치권'을 위한 정략적 개헌이 아니라 '국민'을 위한 민주적 개헌이 이루어져야 하기 때문이다.

이런 점에서 '기본권 중심'의 개헌을 주장하고 있는 이 책은 개헌의 큰 방향을 잘 잡고 있다고 할 것이다. 그리고 이 책은 다음과 같은 점에서 기존의 개헌 논의와는 차별화되는 독특한 가치를 지니고 있다고 본다.

첫째, 이 책의 개헌론은 사회의 변화를 잘 반영한 개헌론이다. 우리 헌법은 제10조부터 제16조에 걸쳐 존재하는 기본권 조항들에서 기본권의 주체로 '국민'을 규정하고 있다. 그러나 이것은 과거의 '국민국가' 시대에는 몰라도, 세계화가 급진전되고 다민족·다문화 사회로 변모해 가고 있는 현재의 우리 사회에는 걸맞지 않은 규정들이 되었다. 그래서 이 책은 헌법상 기본권의 주체를 '국민'에서 '인간'으로 확장할 것을 제안한다. 새로운 사회상을 수용해 헌법상의 권리가 외국인에게도 적용되는 '인간의 권리'가 되어야 한다고 주장하고 있는 것이다.

둘째, 이 책의 개헌론은 외국 헌법의 규정들을 두루 살펴보고 이에 기반해서 우리의 특수성을 반영한 우리 헌법의 개정 방향을 논하고 있다는 점에서 주체적인 개헌론이다. 예를 들어 우리 헌법재판소가 누누이 강조하듯이 적법절차 원칙이 모든 국민의 기본권 제한에 적용될 수 있는 우리 헌법상의 기본 원칙임에도 불구하고, 현행 헌법에서 적법절차 조항이 신체의 자유에 관한 제10조 속에 규정되어 마치 적법절차 원칙이 신체의 자유에만 적용되는 원칙인 것 같은 이미지를 주고 있다. 이에 이 책은 미국 헌법처럼 "국가는 적법한 절차에 의하지 아니하고는 이러한 권리를 제한할 수 없다"는 문구를 기본권에 관한 첫 조항인 제10조에 제2항으로 추가하는 방안을 제시함으로써 적법절차 원칙이 기본권 조항 전체에 적용되는 대원칙임을 분명히 하는 방안을 잘 제시하고 있다.

셋째, 이 책의 개헌론은 사회적 소수자 및 약자의 권리에 대한 배려가 짙게 깔려 있는 개헌론이다. 여성의 권리를 위해 독일 헌법처럼 양성평등 조항을 신설한다든지, 여성 경제활동에 대한 총체적인 차별을 시정하기 위해 헌법에 '동일노동 동일임금'의 원칙을 제시하고, 차별금지 사항에 '승진'을 추가하는 방안을 제시하고 있는 것이 그 예이다. 또한 가사와 직장생활의 양립을 보장하는 모성보호 조항의 신설도 강력히 주장하고 있다. 이 책은 또한 경제 규모에 비해 장애인에 대한 배려가 크게 부족하고 사회적 차별이 온존하며 정책의 진보도 매우 더딘 우리 사회에서 헌법에 장애인 차별금지 조항을 따로 마련해 각별히 부각시킬 필요성이 크다는 점을 잘 지적하면서 장애인의 실질적 평등권 강화 조항 신설도 주장하고 있다. 아동의 권리와 관련해서도, 아동의 권리에 대해 비교적 상세한 별도의 규정을 신설하여 자라나는 미래세대에 대해 기성세대와 헌법이 특별한 관심을 기울인다는 징표를 만들어야 한다고 주장한다. 또한 종교적 신념에 따라 양심적 병역거부를 택한 이들을 위해 양심적 병역거부와 대체복무가 가능하다는 조항을 헌법에 명시할 것을 제안하고 있기도 하다.

넷째, 이 책의 개헌론은 시대 변화를 잘 반영한 개헌론이다. 정보화 사회로의 급격한 신화에 따라 시대 변화를 담아낼 수 있는 정보인권 규정의 신설을 주장하고 있는 것이 그 예이다. 개인정보 자기결정권에 대해 헌법에 이미 규정된 프라이버시권 조항과는 별도로 독립된 조항을 신설해서 개인정보의 생산·보유·이용·열람·삭제·제공 등에 있어 당사자의 통제권과 결정권을 명확히 하자고 제안하고 있다.

다섯째, 이 책은 경제질서와 관련해 '시장친화적 토지공개념'의 정신을 헌법에 명문화할 것을 제안하고 있다. 이 책은 "현재 한국 사회를 위기로 몰아가는 빈부격차와 불평등 문제는 소득분배에도 원인이 있겠지만, 근원적으로는 자산과 토지의 소수 집중이라는 왜곡된 구조에서 기인"한다고 보면서, 헌법에 토지공개념을 규정해 부동산 투기 방지 목적으로 개발이익환수제 등을 시행할 수 있다는 근거를 만들어 토지 불로소득 환수의 정당성을 확고히 해야 한다고 주장한다.

여섯째, 이 책은 개헌의 내용 못지않게 개헌 추진 과정도 민주적이어야 함을 잘 강조하고 있다. "개헌 논의 과정은 반드시 일반 국민들을 최대한 참여시키는 방식으로 가야 한다. 개헌은 국가 100년 대계를 염두에 두고 권력의 원천인 국민의 참여를 통해 추진하는 것이 민주주의와 국민주권주의의 당연한 귀결이지만, 우리 헌정사에서 국민이 개헌의 주체로서 주도적 역할을 한 적은 단 한 번도 없다. 이번에 새로운 모델을 만들어야 한다"고 저자는 주장한다.

결론적으로 이 책은 '기본권 중심의 국민에 의한 개헌'의 가치와 내용 및 방법을 잘 제시하고 있는, '바람직한 개헌을 위한 안내서'라고 평가할 수 있다. 많은 분들에게 감히 필독을 권해 드린다.

2015년 4월
신촌 노고산 기슭 연구실에서
임지봉

이제는 '기본권 개헌'이다

—

헌법 개정의 새로운 패러다임

헌법 개정의
새로운 패러다임

한국 정치권의 '뜨거운 감자', 개헌

개헌은 한국 정치권에서 늘 '뜨거운 감자'다. 평소에는 그 필요성을 대부분 공감하고 가끔 진지하게 공론화에 돌입하기도 하지만, 결국은 삼키지도 뱉지도 못한 상태로 시간만 끌다 차갑게 식혀 버리곤 한다. 자기 진영 또는 자기 선거에 이익이 될지 손해가 될지 이리저리 손익계산만 하다가 다람쥐 쳇바퀴 돌 듯 현상유지를 택하는 것이다. 서로 책임을 떠넘기기에 급급하다는 측면에서 일종의 '폭탄돌리기'인 셈이고, '고양이 목에 방울 달기'라고 할 수도 있다. 비유가 뭐가 됐든, 이런 악순환은 너무나 오랫동안 반복돼 왔다.

우리 헌정사를 통해 개헌이 이루어진 것은 모두 아홉 차례다. 그러나 개헌론을 둘러싼 크고 작은 논란은 숱하게 되풀이돼 왔다. 현행 헌법이 확립된 1987년 이후의 굵직한 사건들만 따져도 노태우-김영삼-김종필 3당 합당 추진 세력의 내각제 개헌 이면 합의, 김대중-

김종필 DJP연합의 내각제 개헌 합의, 노무현 대통령의 원 포인트 개헌 전격 제안, 이명박 대통령의 '1년 내 개헌' 제안 등 그야말로 때만 되면 정치권에는 개헌의 소용돌이가 휩쓸고 지나갔다.

그러나 그렇게 대두된 개헌 논의는 매번 그때뿐이었다. 갑론을박이 벌어지다 이전투구에 가까운 충돌 끝에 개헌은 물 건너가고, 여야는 언제 그랬느냐는 듯 개헌 쟁점을 까맣게 잊고 일상적인 의정 활동으로 복귀하곤 했다. 그러다가 또 때가 되면 대통령이나 권력 실세가 개헌 카드를 들고 나와 '리셋 버튼'을 누르고 정치권에 개헌 논란을 다시 '부팅'시키는 행태가 반복됐다.

양태는 조금씩 다르지만 19대 국회 역시 예외가 아니다. 근래의 몇 가지 사례들을 복기해 보더라도 개헌론이 촉발됐다 흐지부지 사라지는 하나의 '사이클'을 단적으로 엿볼 수 있다. 여야 의원들 사이에서 개헌론이 고개를 들자, 박근혜 대통령은 2014년 10월 청와대에서 주재한 수석비서관회의를 통해 "개헌은 경제를 삼키는 블랙홀이 될 것"이라며 논의 자체를 일축했다.

그러나 며칠 뒤 새누리당 김무성 대표가 중국 방문 중 가진 기자간담회에서 "정기국회 후 개헌 논의가 봇물 터지듯 할 것이고 이를 막을 순 없을 것"이라며 오스트리아식 이원정부제를 검토해야 한다고 언급하면서 큰 파란이 일었다. 김무성 대표는 파문이 확산되자 귀국 직후 "제 불찰이었다"고 대통령에게 사과했지만 개헌론의 불길이 당장 꺼지진 않았다.

야당이 이런 문제를 묵과할 수는 없다. 당시 새정치민주연합 문희상 비상대책위원장은 "개헌에도 골든타임이 있고 이때 하지 않으면 영원히 할 수 없다"며 "대통령이 왜 가이드라인을 제시해서 여당이 거수기 노릇을 하게 하느냐"고 강도 높게 비판했다. 얼마 뒤 여야 의원 150여 명으로 구성된 '개헌추진국회의원모임(개헌모임)'은 새누리당과 새정치민주연합 대표 및 원내대표 측에 국회 개헌특위의 연내 구성을 촉구하는 성명서와 연명부를 전달하기도 했다.

가장 최근의 사례로는 정의화 국회의장의 발언을 들 수 있다. 2015년 7월 17일 제헌절 경축식 기념사에서 "87년 체제를 넘어야 하는 이 구조적 전환기의 국가적 과제와 비전이 헌법에 구현되어야 한다"며 "개헌에 대한 논의를 지금부터 시작해야 한다"며 자신의 소신을 뚜렷하게 밝혔다.

그러나 개헌론은 전반적으로 거의 사그라든 분위기다. 개헌 논의 자체를 금기시하는 청와대와 여권 수뇌부의 압박으로 여당 내에서 침묵 모드가 대세를 이루고 있고, 야당 또한 당면한 여러 현안과 어려운 정치 지형 탓에 개헌 주장에 힘을 쏟을 형편이 못 된다. 이유야 뭐가 됐든 이번에도 개헌 논의는 유야무야 기약 없이 수면 아래로 잠복할 가능성이 높다.

이처럼 반복되는 개헌 이슈의 패턴에는 공통점이 있다. 헌법이 "모든 권력은 국민으로부터 나온다"고 선언하고 있는 바로 그 '국민'이 정작 개헌 논의에서는 늘 소외돼 왔다는 점이다.

분권형 대통령제니 이원집정부제니 내각제니, 오직 권력구조 문제를 놓고 정치권만 들끓는 풍경이 되풀이돼 국민에게는 '그들만의 잔치'로 비칠 뿐이었다. 헌법 개정의 의결기관이 국회이고, 그 구성원이 의원들이니 개헌 논의는 단지 정치적일 수밖에 없는 것으로 치부되는 것이다.

1948년 제헌헌법 이래 지금까지 이뤄진 아홉 차례의 개헌이 대부분 그런 식이었다. 주로 정략적인 차원에서 통치구조와 정부 형태 변경 등을 중심으로 추진됐으며, 그 방법도 발췌 개헌, 사사오입 개헌, 계엄 선포와 국회 해산을 통한 유신 개헌 등 갖가지 변칙과 불법으로 얼룩져 왔다. 심지어 국민적 민주화 운동의 산물이라는 현행 헌법조차 1987년 당시 민정당과 민주당을 대표하는 8인 정치회담에서 한 달가량밖에 안 되는 짧은 기간에 졸속·밀실 협상을 통해 내놓은 것이다. 일반 국민은 물론, 6·29 선언을 이끌어냈던 민주헌법쟁취 국민운동본부 등 시민사회 대표들의 참여도 철저히 배제됐다. 8인 정치회담에서 다뤄진 가장 중요한 의제 역시 대통령 임기와 단임제 여부였다.

그러나 이제는 개헌 논의의 내용과 형식 모두 근본적으로 달라져야 한다. 통치 형태가 아닌, 또는 그에 우선해서, 국민 생활과 직결되는 기본권 개정에 중점을 둔 개헌이 이루어져야 한다.

헌법은 한 나라의 최상위법이자 기본법이다. 국가의 얼개를 구성하는 설계도로서 모든 법질서의 정점에 위치해 근거 규범으로 작동한다. 그런 헌법에서 양적으로 절반 이상을 차지하며 질적으로도 가장 중요한 부분이 국민의 일상생활에 큰 영향을 미치는 기본권에 관한 규정들이다. 통치기구로 표현되는 국가기관도 사실은 기본권 실현이라는 국가 작용을 정의롭고 효율적으로 실현하기 위해 구성하는 것이고, 권력분립의 원칙도 그 수단으로 채택하는 것이다. 헌법의 궁극적 목표가 인간의 존엄성을 보호하고 실현하는 역할, 즉 기본권 구현이라는 데 헌법학자들도 대부분 동의한다.

그런데도 우리 헌법 개정사에서는 기본권 항목이 부수적인 것으로 소홀하게 취급되거나 통치구조 개편의 장식물 정도로 진열돼 왔음을 부인하기 어렵다. 헌법의 편제를 보아도 기본권 편이 통치구조 편보다 앞에 위치하고 있는데 그렇다. 우여곡절 끝에 자리를 차지한 기본권 규정들조차 이론적 상징성에만 머물러 현실적 구속력을 갖지 못하거나 일관성이 떨어지는 경우가 적지 않다.

그에 따라 현행 헌법이 가지고 있는 인권침해적 요소를 없애는 한편, 우리 사회의 진전된 권리 의식을 반영해 국민의 인권을 실질적으로 보장해 줄 수 있는 헌법으로 개정할 필요성이 학자들과 시민단체 일각에서 오래전부터 제기돼 왔다.

낡은 헌법, 더 이상 이대로는 안 된다

기본권을 중심으로 개헌의 패러다임을 바꿀 당위성은 명백하고 절실하다. 현행 헌법이 1987년에 개정됐으니 헌법을 제정한 1948년부터 계산하면 평균 4.3년에 한 번씩 개헌이 이뤄진 셈이다. 하지만 1987년 이후로는 한 번도 손질하지 않은 채 올해까지 28년이라는 긴 시간이 흘렀다.

그동안 우리 사회는 1987년 당시에는 상상도 못했던 급격한 변화의 시기를 관통했다. IMF 사태, 실업자와 비정규직 양산, 빈부격차 심화, 세계 최고 수준의 고령화와 저출산, 지방자치 확대, 가파른 세계화, 외국인 노동자 유입과 국제결혼 급증 등으로 인한 다민족·다문화 사회화, 남북 교류 증가, 인터넷과 스마트폰을 통한 소셜 네트워크의 일상화, 그로 인한 개인정보 보호의 사회문제화 등…. 그야말로 현기증이 날 정도다. 이 같은 전방위적 변동은 그 깊이와 폭에서 도저히 낡은 헌법으로 감당할 수준이 아니다.

이른바 '87년 체제'의 문제점을 좀 더 싶어 보사. 현행 헌법은 1987년 6월 항쟁을 기폭제로 삼아 국민이 대통령을 직접 선출하는 '대통령 직선제'를 골자로 성립된 것이다. 공화제 발전에 큰 획을 그었다는 점에서 '87 헌법'은 국민의 힘으로 민주주의를 쟁취해 낸 자랑스러운 결과물이다. 반면 '87 헌법'은 짧은 기간에 극소수 정치인들의 밀실협상으로 제정되다 보니 한계도 많다.

1987년 이후의 급격한 변화상 중 우리 일상생활에
가장 큰 영향을 끼친 요소는 IMF를 기점으로 본격화한
사회 양극화와 디지털 혁명에 따른 정보화 시대의
도래일 것이다.

정보화 시대는 쌍방향 소통을 가능하게 만들었다. 다양한 사회 이슈에 대해 즉각적인 반응이 가능해졌으며, 적극적인 의견 개진 및 여론 형성의 통로가 일상적으로 구축됐다. 정보화 시대 이전 국민은 권력 집단의 관점에서 볼 때 무기력한 동원 대상, 일방적인 프로파간다의 수용 대상으로 흔히 인식되었으나 이제 국민의 정치적 위상은 현격히 높아졌다. 국민의 의식은 국가에 제공해야 할 의무와 함께 개인이 누려야 할 권리에도 적극적이다.

정보화 시대가 1987년 이후 우리 사회의 밝은 측면이라면, IMF 이후

시장만능주의(신자유주의)의 확산으로 인한 사회 양극화는 어두운 단면이다. 정부가 굳건하게 '경제 민주화'를 추진하면서 시장의 실패를 효과적으로 방지하고 힘의 균형을 이루어야 함에도 대기업을 주축으로 한 시장 방임주의 또는 시장 근본주의 세력에게 오히려 끌려다니고 있는 형편이다. 재벌 그룹의 엄청난 팽창에 비해 대다수 경제 주체는 성장의 과실을 누리지 못하는 비대칭 경제 구조가 갈수록 고착화하고 있다.

양극화가 심화하면서 복지와 생존을 위협당하고 있는 중산층과 서민, 특히 일자리 자체를 구하지 못하거나 비정규직을 전전하며 고통받는 상당수 젊은이들에게는 한국 사회의 현 구조가 여러모로 감당하기 어려운 굴레가 되고 있다. 2012년 대선 당시 여야의 모든 후보가 경제 민주화를 공약한 사실이나, 2014년 돌풍을 일으킨 '피케티 신드롬'은 우리 사회의 모순을 반증한 현상이라 할 수 있다.

이같이 날로 악화하는 사회 양극화와 무서운 속도로 진화하는 정보화 시대의 틈바구니 속에서 다양하게 발생하는 인권 및 기본권 문제들을 현행 헌법은 담고 있지 못하다. 이 책의 문제의식은 바로 여기서 출발한다.

이제는 '권력 개헌' 아닌 '민생 개헌'이다

헌법은 불변의 문서가 아니다. 시대정신을 담고 있어야 하기 때문에 시대의 변화를 수용해야 한다. 시대정신에 부합하지 못하고 사회 현상과 부조화를 빚는 헌법은 국민의 현실적 삶을 뒷받침하는 데 취약

할 수밖에 없다. 또한 헌법은 시대를 반영하는 데 머물지 않고 그 사회가 추구해야 할 미래의 가치를 제시하는 역할도 수행해야 한다.

우리 사회는 아직 투명성과 공정성, 안전성, 그리고 사회적 약자와 소수자에 대한 포용성 등 공동체적 미덕에 허점이 많다. 따라서 헌법의 규범적 역할이 각별히 중요하다. 여야 의원들이 앞다퉈 거론하는 제왕적 대통령제의 문제점과 대선 및 총선 시기 불일치로 인한 비효율 등이 개헌 사유가 되는 점을 부정할 수는 없지만, 헌법의 진정한 존재 가치는 기본권 수호의 '권리장전'이자 공동체의 청사진을 제시하는 사회통합적 역할에 있다는 사실을 잊지 말아야 한다.

이제는 헌법의 '본질'에서 개헌의 논거를 찾아야 한다. 권력구조에만 치중할 경우 또다시 현직 대통령과 여야 계파 간 이해관계의 대립으로 공론만 일삼다가 물거품이 될 가능성이 높다. 또 나눠먹기식으로 진행된다고 하더라도 시대 변화를 섬세하게 반영하면서 국가의 미래 가치를 제시하는 보다 근본적인 개헌에는 미치지 못하게 된다.

따라서 앞으로의 개헌은 정치세력 위주의 '권력 개헌'이 아닌, 국민 기본권 중심의 '민생 개헌'에 초점을 맞춰야 한다. 정치권의 선도세력과 시민사회단체들이 담론의 초점을 이동시켜 기본권 분야를 집중적으로 이슈화함으로써 개헌에 대한 국민의 호감과 광범위한 공감대를 이끌어내야 한다.

권력구조 논의는 그다음이다. 그래야 '그들만의 리그'라는 인식을 불식시키고 명실상부하게 국민과 함께하는 진보적인 개헌이 될 수 있다. 현재의 개헌 논의는 선후가 뒤바뀌었다.

상징적이고 신언직인 역할을 하는 헌법은 놔두고
개별 법률을 보완하면 된다는 주장도 있다. 일리가 없는
것은 아니다. 헌법은 최상위법으로서 일반 법률 조항처럼
지나치게 상세하게 기술할 필요도 없고 바람직하지도
않다. 하지만 일정 수준의 내용과 틀은 확고히 갖추고
있어야 모든 하위 법률과 명령·규칙을 관장하는
기율로 작동할 수 있다.

우리 헌법학계의 학설도 실정 헌법에 규정된 기본권은 그렇지 않은 경우보다 그 논의가 더 풍부하고 명확하게 전개될 수 있다고 지적한다. 헌법에 명시되지 않고 헌법재판소의 판례만으로 인정되는 기본권들은 그 존재감이 약해 국민이 실질적으로 보장받는 데 한계가 있기 때문이다. 적절한 후속 입법을 유도하기 위해서도 각 기본권의 의미와 대상 등을 구체적으로 제시하고 해당 기본권에 상응하는 국가의 의무도 분명하게 규정해 구속력과 실효성을 담보하는 쪽으로 개헌 작업이 진행돼야 한다.

이제 국민 기본권 중심의 개헌 내용을 항목별로 살펴보자. 권력구조 논의는 생략하고 전문前文부터 차례로 검토할 것이다. 총강에서는 민족의 숙제인 분단 및 통일 문제와 결부돼 있으면서 남북 주민의 인권과도 밀접한 연관이 있는 영토 조항을 다룰 것이다. 기본권을 소재로 한 학자들의 논문은 권력구조를 다룰 때와는 달리 이론만 추상적으로 전개하거나 요점만 단순 나열하며 이렇다 할 결론 없이 끝나는 경우가 많은데, 이 책은 되도록 구체적인 개정 문안을 예시할 것이다.

우리나라 역대 개헌 과정과 주요 내용

10차 개헌 방향을 상세히 논하기에 앞서, 제헌헌법을 비롯해 그간 아홉 차례 이뤄진 개헌의 주요 내용과 특징을 대략적이나마 살펴보자.

···▶ 제헌헌법 (1948.7.12)

제헌국회에 의해 1948년 7월 12일 탄생했다. 제헌국회는 미군정 시기인 1948년 5월 10일 남한 총선거를 통해 구성됐으나 김구·김규식 등 임시정부의 주요 인사들이 선거에 참여하지 않았기 때문에 국민 대표성에 한계가 있었다. 일제강점기에서 해방돼 근대 독립 국가를 설계하는 시점에서 제헌국회의 첫 번째 임무가 헌법 제정인 것은 너무도 당연했다. 따라서 제헌헌법은 새로운 국가의 정체성 및 권력구조를 규정하는 데 초점을 맞춰 성안됐다. 3·1 운동의 독립 정신을 계승하고 임시정부의 법통을 이어받았음을 명확히 했으며, 대통령·부통령의 간접선거와 국회 단원제를 주내용으로 했다.

···▶ 1차 개헌 (1952.7.4)

한국전쟁 도중 이승만 대통령이 국회 간선제 체제에서 당선될 가능성이 별로 없자 대통령 선출 방식을 직접선거로 바꾼 것이 1차 개헌이다. 직선제 개헌안이 국회에서 부결되자 이 승만 정권은 의원들을 연행해 의사당 안에 감금하는 등 공포 분위기를 조성했다. 이후 이승 만 정권은 정부의 정·부통령 직선제 개헌안과 야당의 내각책임제 개헌안 일부를 발췌하고 혼합한 이른바 '발췌개헌'을 시도, 경찰과 군대가 국회를 포위한 상태에서 기립 투표를 실시 하는 방식으로 기어이 개헌안을 통과시켰다. 이를 '부산 정치파동'이라고 한다. 1차 개헌은 형식적으로도 **일사부재의 원칙*** 위배, 공고되지 않은 헌법 통과 등 불법적 개헌 선례들을 최 초로 남겼다.

---

* **일사부재의 원칙(一事不再議 原則)**은 의회 회기 중에 부결된 안건은 같은 회기 중에 다시 안건으로 올 리지 못한다는 원칙이다. 이는 17세기 초 영국 의회에서 확립된 것으로, 명문 규정에 있든 없든 국회의 법률 처리 절차에 일반적으로 적용되는 불문의 원칙으로 받아들여지고 있다.

⋯ 2차 개헌 (1954.11.29)

2차 개헌은 이승만 장기집권을 위해 "초대 대통령에 한하여 3선 제한을 철폐한다"는 내용이 골자였다. 국회 표결 결과는 재적의원 203명 중 찬성 135명, 반대 60명, 기권 7명으로 헌법 개정에 필요한 3분의 2에서 한 표가 모자라 부결 처리됐다. 그러나 불과 이틀 뒤 이승만 정권은 "재적의원 203명의 3분의 2는 '135.333⋯'명이 되는데 이를 사사오입(넷 이하는 버리고 다섯 이상은 올린다. 즉 반올림)하면 0.3명은 자연수에 해당되지 않기 때문에 재적의원 3분의 2는 135명이 맞다"는 논리를 적용해 부결 선포를 번복했다. 유명한 '사사오입 개헌'이다. 이렇게 2차 개헌은 또다시 정권에 의해 위헌적 방식으로 관철됐으며 초대 대통령에게만 중임 제한을 없애 평등의 원칙을 위반하는 등 심각한 문제점을 드러냈다.

⋯ 3차 개헌 (1960.6.15)

이승만 정권은 1960년 3월 15일 정·부통령 선거에서 온갖 선거 부정을 통해 승리하긴 했으나 전국적인 부정선거 규탄 시위에 직면했다. 특히 마산상고 김주열의 시신이 얼굴에 최루탄이 박힌 채로 마산 앞바다에 떠오르면서 국민의 분노는 하늘을 찔렀다. 결국 4·19 혁명 직후 이승만은 대통령 자리에서 내려와야 했다. 1960년 5월 2일 허정 수반의 과도정부가 수립되자, 과도정부는 의원내각제로 권력구조를 바꾸는 개헌안을 국회에서 통과시켰다. 3차 개헌이었다. 3차 개헌은 헌정 사상 처음으로 합헌적 절차를 거쳤으며, 4·19혁명의 영향을 받아 국민의 기본권을 대폭 강화했다. 언론·출판·집회·결사의 사전허가 또는 검열제를 금지하고 대법원장과 대법관도 선거를 통해 선출하도록 했다. 헌법재판소와 중앙선거위원회를 헌법기관으로 설치하는 등 민주주의를 크게 진전시킨 것으로 평가받는다.

⋯ 4차 개헌 (1960.11.28)

이승만 정권 당시 3·15 부정선거 주모자와 4·19 혁명 전후 시위 군중을 살상한 관련자들을 처벌하기 위해 4차 개헌안이 마련됐다. 헌법의 부칙만을 개정함으로써 관련자들을 처벌할 수 있는 조항이 만들어졌다. 이와 함께 권력을 이용해 부정한 방법으로 재산을 축적한 자에 대한 행정·형사상의 처벌을 위해 특별재판소와 특별검찰부를 설치하는 조항도 추가했다. 그러나 4차 개헌은 형벌 불소급 원칙과 어긋나는 소급 입법이라는 측면 때문에 위헌 여부가 논란이 됐다.

이제는 '기본권' 개헌이다

⋯ 5차 개헌 (1962.12.17)

5·16 군사쿠데타 세력이 주도한 개헌으로, 권력구조를 내각제에서 다시 대통령제로 변경한 것이 5차 개헌의 핵심이다. 전문에 4·19 의거와 5·16 혁명 이념을 헌법 정신으로 명시하였으며, 대통령 3선 금지 조항을 신설한 반면 대통령 지위를 강화했다. 국회의원 무소속 출마 금지, 헌법재판소 폐지 등도 주요 개정 사항이었다. 인간의 존엄과 가치, 인간다운 생활을 할 권리 등 기본권 관련 몇몇 조항도 신설됐다. 개헌 절차의 경우 국회 의결 뒤 반드시 국민투표라는 절차를 밟도록 명시했다. 그 결과 5차 개헌은 처음으로 국민투표를 통해 확정됐다.

⋯ 6차 개헌 (1969.9.14)

야당의 강력한 반발에도 불구하고 박정희 대통령의 3선 출마를 위해 개헌이 강행됐다. 일명 '3선 개헌'이다. 야당 의원들이 본회의장 의장석을 점거하고 있는 사이 공화당 의원들이 본회의장도 아닌 제3별관에서 한밤중에 여당 단독으로 처리했다. 6차 개헌에 따라 박정희는 1971년 4월 제7대 대통령선거에 출마해 내리 세 번째 연임했다. 국회의원 정수를 200명에서 250명으로 늘리고, 국회의원이 장관직을 겸임할 수 있도록 하는 국무위원 겸직 조항도 6차 개헌에 포함됐다.

⋯ 7차 개헌 (1972.11.21)

3선 개헌으로 정권 연장에 성공한 박정희 대통령은 1972년 10월 17일 비상조치(일명 '10월 유신')를 통해 2개월간 헌정을 중단시키고 같은 해 12월 27일 유신헌법을 발효시켰다. 이같은 7차 개헌을 통해 대통령 직선제를 폐지하고 통일주체국민회의를 신설, '체육관 대통령'을 선출하는 간선제로 전환했다. 또 대통령 임기에 대한 규정을 없애 사실상 박정희 영구 집권의 길을 열었다. 이 밖에 긴급조치권, 국회해산권, 국회의원 추천권, 국민투표 부의권, 법률안 거부권, 대법원장을 비롯한 모든 법관에 대한 임명권 등을 모두 대통령에게 귀속시켜 명실상부한 제왕적 대통령제로 만들었다. 반면 국회 회기를 단축하고 국정감사제를 폐지하는 등 국회 권한은 축소했다. 유신헌법은 탄생 과정 자체가 위헌이다. 아울러 종신직 대통령 1인에게 삼권을 집중시킴으로써 권력분립 원칙을 위배했을 뿐 아니라 남북 대치 상황을 악용해 독재권력이 국민의 기본권을 유린할 수 있도록 한 반민주적 헌법으로 평가받는다. 실제 박정희 정권은 잇단 긴급조치 발동 등을 통해 개헌 논의 자체를 불법화하고 탄압했다.

⋯ 8차 개헌 (1980.10.22)

박정희 대통령은 종신집권을 꿈꿨지만 유신독재에 대한 국민적 저항은 꾸준히 이어졌으며, 1979년 10월 부마항쟁으로 절정에 달했다. 곧이어 10·26 사건이 일어나면서 긴급조치가 얼마 뒤 해제됐다. 8차 개헌은 전두환 신군부 세력의 쿠데타가 일어난 계엄 상황에서 이뤄졌다. 또 다른 군사정권 치하였지만 유신헌법의 독소 조항 상당수가 제거됐다는 긍정적 평가를 받기도 한다. 대통령은 여전히 통일주체국민회의에 의한 간선제로 선출했으나 장기집권을 방지하기 위해 7년 단임제를 채택했으며, 법관 임명권을 다시 대법원장에게 부여함으로써 형식적으로나마 사법부 독립을 꾀했다. 유신체제에서 훼손됐던 기본권을 두루 강화하면서 행복추구권, 환경권, 형사 피고인 무죄 추정 조항 등을 신설했다. 그러나 전두환 정권은 민주적 정당성을 결여한 권력이었기에 국민의 저항이 점점 커져 1987년 6월 항쟁 이후 9차 개헌으로 이어졌다.

···▸ 9차 개헌 (1987.10.27)

9차 개헌은 국민의 민주화 열망이 응축된 1987년 6월 항쟁의 산물이다. 노태우 대통령의 6·29 선언 이후 여야 합의로 성안되어 국회 개헌특별위원회에서 채택됐다. 국민적 염원에 따라 대통령 직선제를 도입하고 임기도 5년 단임제로 규정했다. 또한 대통령의 국회해산권을 폐지하고 국회의 국정감사권을 부활시켰다. 전반적으로 제왕적 대통령의 권한을 줄이고 국회 위상을 높였다. 기본권 측면에서도 언론·출판·집회·결사에 대한 허가 및 검열 금지, 노동 3권의 실질적 보장, 모든 구속자에 대한 구속적부심사 청구권 보장, 근로자 최저임금제 보장, 여성 근로자에 대한 차별 금지, 국가의 모성 보호 의무 신설 등 큰 진전을 이루었다. 헌법 전문에는 임시정부의 법통 계승, 불의에 항거한 4·19민주이념의 계승 등을 명시했다.

앞으로의 개헌은 정치세력 위주의 '권력 개헌'이 아닌,
국민 기본권 중심의 '민생 개헌'에 초점을 맞춰야 한다.
권력구조 논의는 그다음이다. 그래야
'그들만의 리그'라는 인식을 불식시키고 명실상부하게
국민과 함께하는 진보적인 개헌이 될 수 있다.
현재의 개헌 논의는 선후가 뒤바뀌었다.

헌법,
이렇게 바꾸자

—

헌법 개정을 위한 제안

전문

헌법의 전문은 국가의 기본 원리와
추구하는 가치, 건국 이념 등을 담고 있어
'헌법의 얼굴'이라고 할 수 있다. 현재 가장 검토가
필요한 부분은 '5·18민중항쟁 정신의 계승'을
삽입할지 여부다.

유구한 역사와 전통에 빛나는 우리 대한국민은 3·1운동
으로 건립된 대한민국임시정부의 법통과 불의에 항거한
4·19민주이념을 계승하고, 조국의 민주개혁과 평화적
통일의 사명에 입각하여…. 헌법 전문

전문前文은 국가의 기본 원리와 추구하는 가치, 건국 이념 등을 담고
있어 '헌법의 얼굴'이라고 할 수 있다. 우리 헌법은 제정 당시의 전
문이 거의 그대로 이어져 왔고, 현재 개헌 과제 중 전문에 관한 쟁점
도 그리 심각하지 않다.

다만 "유구한 역사와 전통에 빛나는 우리 대한국민은" 부분이 다민
족·다문화 시대에 걸맞지 않아 결혼 이주자 등을 포괄할 수 있는 좀
더 포용적인 표현으로 바꾸자는 견해, 또 "4·19민주이념을 계승하
고"의 의미가 명확하지 않기 때문에 4·19의거 이념인 '자유·민주·
정의'를 명시하는 것이 헌법 정신으로 승화시키는 데 바람직하다는
지적이 있다.

가장 검토가 필요한 부분은 '5·18민중항쟁 정신의 계승'을 삽입할 지 여부다. 이 같은 문구는 1987년 개헌 협상 당시 통일민주당의 헌법 개정 시안에 이미 들어 있었다. "유구한 역사와 전통에 빛나는 우리 대한민국은 3·1운동의 독립정신 위에 건립한 대한민국임시정부의 법통을 이어받아 제1공화국을 재건하였으며, 4·19의거와 5·18 광주의거로 부당한 국가권력에 대하여서는 단호히 거부하는 국민의 권리를 극명히 하였고…"라는 문구였다.

그러나 8인 정치회담 협상 때 민정당 측이 "역사적 평가나 가치가 확립되지 않은 일부의 주장을 전 국민적 합의가 담긴 전문에 넣는 것은 곤란하다"고 극력 반대해 결국 전문에서 배제됐다. 이후 개헌 논의가 수시로 불거질 때도 이 부분은 거의 재론되지 않았다.

민정당의 반대 주장 때와 달리 5·18에 대한 역사적 평가와 가치는 확고하게 자리매김돼 있다. 5·18민중항쟁은 불법 쿠데타 세력인 전두환 신군부의 독재와 국가 폭력에 맞서 민중이 사회적·정치적 주체로서 저항권을 행사해 국민의 자유와 권리를 수호하고 민주적·법치주의적 국가질서를 회복하려 한 '시민혁명'이자 '주권혁명'이었다. 아울러 헌법의 이념적 지표라고 할 수 있는 '인간의 존엄성'을 선언하고 실현하기 위한 투쟁이어서 국민 기본권 측면에서도 의의가 크다.

나아가 5·18민중항쟁은 1987년 6월 항쟁의 도화선이자 민주화의 기폭제로 작용해 한국 민주주의 발전에 심대한 영향을 미쳤다. 따라서 헌법 전문에 열거된 3·1운동이나 4·19민주이념과 비교해도 결코 그 의미와 가치가 떨어지지 않는다.

하지만 현실에서는 반역사적 왜곡이 심상치 않게 벌어지고 있다. 5·18을 여전히 '광주사태', '북한 사주를 받은 빨갱이들의 폭동'으로 폄훼하고, 심지어 일간베스트 같은 극우 인터넷 커뮤니티에서는 희생자들과 유족들을 모독하는 적나라한 선동이 지속적으로 등장해 10대 청소년들과 20대 청년층에게까지 잘못된 인식이 독버섯처럼 확산되는 실정이다.

최근에도 경기도 고양시의회 의원이 5·18 민주화운동과 유공자를 '폭동', '빨갱이' 등으로 지칭한 카카오톡 문자메시지를 유포해 물의를 빚은 사건이 있었다. 이 같은 사정들을 종합할 때 5·18민중항쟁의 헌법 명문화는 반드시 필요하다.

헌법 개정을 위한 제안

현행 헌법 전문

유구한 역사와 전통에 빛나는 우리 대한국민은 3·1운동으로 건립된 대한민국임시정부의 법통과 불의에 항거한 4·19민주이념을 계승하고, 조국의 민주개혁과 평화적 통일의 사명에 입각하여… (후략)

개정 예시안

유구한 역사와 전통에 빛나는 우리 대한국민은 3·1운동으로 건립된 대한민국임시정부의 법통과 불의에 항거한 4·19민주이념과 국가권력의 부당한 폭력에 저항한 5·18민중항쟁 정신을 계승하고, 조국의 민주개혁과 평화적 통일의 사명에 입각하여… (후략)

총강

총강에서는 제3조 영토 조항이 가장 논란거리다.

영토 조항은 북한이 유엔에 가입해 국제적으로 독립 국가로

인정받고 있는 엄연한 현실과 동떨어진 데다

헌법 내의 통일 조항과도 충돌해 그 모순성을 증폭시킨다.

그러나 헌법에서 영토 조항을 아예 없애는 문제는

좀 더 신중하게 접근해야 할 것 같다.

대한민국의 영토는 한반도와 그 부속도서로 한다.

제3조 [영토]

총강에서는 제3조 영토 조항이 가장 논란거리다. 영토란 그 나라의
주권, 즉 헌법과 여러 법률의 효력이 미치는 곳이고 한반도는 남북
한 지역을 통틀어 일컫는 말인 만큼 이 조항은 장기간 분단이라는
현실을 감안할 때 '희망사항'에 가깝다. 북한은 조선민주주의인민공
화국이란 국호로 헌법과 국가기구, 국민을 모두 갖추고 있으며 유엔
에 가입해 국제적으로 독립 국가로 인정받고 있다.

영토 조항은 이런 엄연한 현실과 동떨어진 데다 헌법 내의 통일 조
항과도 충돌해 그 모순성을 증폭시킨다. 헌법 제4조는 "대한민국은
통일을 지향하며, 자유민주적 기본질서에 입각한 평화적 통일 정책
을 수립하고 이를 추진한다."고 돼 있다. 3조에서는 북한의 존재를

부인하고 대한민국 영토가 한반도 전체라고 하면서, 4조에서는 북한 존재의 인정을 전제로 통일을 추진하겠다고 하니 논리적으로 부딪칠 수밖에 없다.

대한민국 정부는 헌법을 토대로 평화통일 정책 수립과 추진 의무를 지고 있으므로 이를 수행하기 위해서는 상대방의 실체를 인정하고 교류·협력해야 한다.

그런데 헌법을 토대로 상대방을 부정하고 반국가단체로 규정해 버리면 강화조약을 체결하자는 것이 아닌 이상 평화통일 추진은 미궁에 빠지게 된다. 1991년 대한민국과 조선민주주의인민공화국 당국이 체결한 남북기본합의서에서는 상대방 체제를 서로 인정하고 존중할 것을 약속한 바 있다. 3조와 4조는 이처럼 양립할 수 없는 상충 관계에 있다.

더군다나 이 영토 조항은 북한 당국과 북한 주민을 "국가를 변란할 목적으로 정부를 참칭한 반국가단체 및 그 구성원"으로 규정하는 국가보안법의 근거가 되기도 한다. 멸공통일적 사고의 영토 조항을 모태로 삼아 국가보안법은 우리 사회에서 수많은 희생자를 양산하고 국민 기본권을 유린하는 등 많은 부작용을 낳았다.

따라서 현재의 영토 조항은 손질이 불가피하다. 정전협정이 평화협정으로 전환될 때를 대비해 영토 조항을 없애거나 개정해야 한다는 주장도 있다. 평화협정이 이뤄지면 북한의 합법적 실체를 인정하지 않을 수 없기 때문에 북한 지역까지 우리 영토로 규정하고 있는 현행 헌법은 또다시 모순을 일으키게 된다. 세계적으로도 헌법에 자국의 영토를 규정하고 있는 나라가 드물고, 북한 헌법에도 영토 조항이 따로 없다. 이 같은 점들을 감안할 때 영토 조항은 삭제하는 게 맞다는 지적이 진보 진영에서 꾸준히 제기돼 왔다.

그러나 헌법에서 영토 조항을 아예 없애는 문제는 좀 더 신중하게 접근해야 할 것 같다. 1948년 제헌헌법 이래 한 번도 고친 일이 없던 조항을 갑자기 삭제할 경우 대한민국이 영토를 현재의 남한으로 한정하고 북한 지역을 포기하는 것으로 국제사회에 잘못된 인식을 심어 줄 수 있기 때문이다.

나아가 영토 조항 삭제로 북한을 완전한 외국으로 인정하게 되면 언제 발생할지 모르는 북한 정권 붕괴 등 통일 상황이 현실로 다가왔을 때 심각한 문제를 일으킬 가능성이 높다. 남북한의 통일이 독일과 오스트리아의 경우처럼 국가 간 합병이 돼 일이 복잡해지거나, 중국 등 제3국의 개입을 저지할 명분이 없어 통일에 커다란 장애가 될 수도 있기 때문이다. 만약 북한 급변사태 시 주변 강대국들이 개입해 신탁통치에 나서고 영구 중립 지역으로 새로운 국가를 세운다고 해도 대한민국은 이를 저지하기는커녕 국제법적으로 항의조차 할 수 없게 된다. 북한 내 군부쿠데타가 발생하거나 인민들이 저항권을 행사해 시민혁명을 일으킨 뒤 중국에 합병을 자원한다고 해도 우리는 개입할 여지가 없는 것이다.

당장 탈북자 문제만 하더라도, 영토 조항이 북한 이탈 주민의 남한 입국을 정당화하고 대한민국 국적 취득을 용이하게 하는 측면이 있음을 감안해야 한다. 영토 조항이 없으면 탈북자 보호를 위한 우리 정부의 역할과 대책은 법적 근거를 상실하게 될 수 있다. 대법원도 헌법상 북한 지역이 대한민국 영토인 만큼 북한 공민권을 가지고 있으면 대한민국 국민이라고 판시해 왔다.

이런 측면들로 인해 헌법학계의 다수 의견은 영토 조항을 개정함으로써 해결할 수 있는 문제보다는 새롭게 야기될 문제가 더 크다며 영토 조항의 존치에 훨씬 무게를 두고 있다. 개정할 경우 득보다 실이 더 많다는 판단이다. 보수-진보 성향을 막론하고 영토 조항 삭제를 주장하는 학자는 극소수다.

영토 조항의 이와 같은 양면을 균형 있게 검토할 때 삭제보다는 개정하는 것이 합리적이고 실현 가능성도 높을 것으로 보인다. 예를 들어 3조를 다음과 같이 개정하는 것이다.

> ① 대한민국의 영토는 한반도와 그 부속도서로 한다.
> ② 대한민국은 통일 상황 이전까지 군사분계선 이북 지역에 거주하는 북한 주민에 대한 관할권 행사를 유보한다.
> ③ 남북 관계의 성격, 운영 및 발전에 관한 사항은 법률로 정한다.

예시 제3항의 경우, 북한이 우리 헌법 밖의 영역에 존재하는 것이 아니라 대한민국 국내법의 규율 사항이며, 그 구체적인 내용은 법률로 정한다(법률유보)는 점을 밝히는 것이다. 이 예시안은 제성호 교수의 논문*에서 인용했다.

한 발 더 들어가자면, 헌법 제4조도 재론의 여지가 있다. "자유민주적 기본질서에 입각한 평화적 통일정책 추진"이라는 문구는 1987년 헌법에서 처음 등장했다. 이 문구의 존속을 주장하는 학자들은 "'자유민주적 기본질서에 입각한 통일'은 자유민주주의를 근간으로 하는 통일을 의미하는 것이며, 자유민주주의와 조화될 수 있는 범위에

---

* 제성호, 「영토와 통일 관련 조항에 관한 검토」, 「국민과 함께하는 개헌 이야기」 1권, 국회 미래한국헌법연구회, 2010, 344쪽.

서 시회민주주의적 요소를 일바든지 수용할 수 있는 포용적 개념"
이라고 설명하고 있다. 합의통일 방식을 무조건 배제한다는 취지도
아닌 만큼 아무 문제가 없다는 해석이다. 제4조 삭제 주장에 대해서
는 "일각에서는 '자유'라는 표현을 삭제하여 계급투쟁을 내포하는
민중민주주의 내지 인민민주주의까지 포용하려는 사람도 있는 것으
로 의심하고 있다"고 반박한다.*

그러나 통일을 '자유민주적 기본질서'에 입각해 추진하겠다고 하는
것은 사회주의 체제의 북한 입장에서 볼 때 북한을 흡수통일하겠다
는 의지로 비칠 여지가 있으므로 남북 교류·협력과 통일 논의 진전
에 걸림돌로 작용할 수 있다. 상대방 체제를 부인하면서 전쟁으로
승부를 가리지 않고 평화적으로 통일을 이루겠다는 것은 또 하나의
모순이다. 남북 관계가 불안정하고 양측 간 대립과 충돌 사태가 빈
번한 시기일수록 평화로운 방식에 의한 남북 통일 의지를 보다 확고
히 할 필요성이 분명해 보인다.

특히 "남과 북은 나라의 통일을 위한 남측의 연합 제안과 북측의 낮
은 단계의 연방 제안이 서로 공통성이 있다고 인정하고 앞으로 이
방향에서 통일을 지향시켜 나가기로 하였다"고 한 2000년 6·15 공
동선언에 따라 남북 간 체제 인정 속에 화해협력 노력을 도모하는
조항으로 재검토해야 한다. 이런 점에서 기존 헌법에 명시된 '자유
민주적 기본질서' 문구는 삭제하거나 수정되는 것이 바람직하다.

---

* 앞의 책, 346쪽.

헌법 개정을 위한 제안

현행 영토 조항

대한민국의 영토는 한반도와 그 부속도서로 한다.

개정 예시 안

제3조
① 대한민국의 영토는 한반도와 그 부속도서로 한다.
② 대한민국은 통일 상황 이전까지 군사분계선 이북 지역에 거주하는 북한 주민에
   대한 관할권 행사를 유보한다.
③ 남북관계의 성격, 운영 및 발전에 관한 사항은 법률로 정한다.

이제는 개헌 논의의 내용과 형식 모두 근본적으로
달라져야 한다. 통치 형태가 아닌, 또는 그에 우선해서,
국민 생활과 직결되는 기본권 개정에 중점을 둔 개헌으로
새로운 접근을 모색해야 한다.

국민의 권리와 의무

헌법 제2장 「국민의 권리와 의무」는 모두 30개의 조문으로 구성돼 있다. 그중 의무를 규정한 것은 납세와 국방에 관한 조문 두 개뿐이다. 전체적으로 제2장은 국민의 권리, 즉 기본권을 본격적으로 열거한 장이다. 따라서 '권리'와 '의무'를 대등한 관계로 결합시킨 현행 표제는 권리보장의 의미를 희석하고 권리의식을 약화시킬 수 있어 적절치 못하다. 도저히 권리와 대등하다고 볼 수 없는 의무를 표제에서 굳이 명시할 필요가 없다.

아울러 인간의 권리, 즉 인권을 국가 제도 속에서 실현하기 위하여 체계적으로 헌법에 기록한 것이 기본권이고, 빠른 속도로 진행 중인 다민족 · 다문화 시대에 인권의 주체를 '국민'으로 한정한 것은 문제가 있기 때문에 이를 '인간'으로 바꿔야 한다. 결론적으로 헌버 제2장의 표제는 보편적 기본권 보장의 의미를 살리는 측면에서 「인간의 권리」 또는 「인간의 자유와 권리」로 개정하는 것이 좋겠다.

모든 국민은 인간으로서의 존엄과 가치를 가지며,
행복을 추구할 권리를 가진다.
제10조 [인간의 존엄성과 기본 인권 보장])

제10조 '인간의 존엄과 가치'는 학설에 따르면 헌법의 최고 이념이자 핵심으로서 인격권이라는 포괄적 기본권의 궁극적 근거로 작용한다. 그런데 앞서 잠시 언급한 대로 이 같은 기본권의 주체를 일괄적으로 '국민', 즉 국적 보유자로 못박는 것은 세계화 및 다민족·다문화 시대에 걸맞지 않은 편협한 접근이라 할 수 있다. 우리도 이제 헌법상 '민족적 민주주의'의 틀을 벗어나야 한다. 수많은 외국인이 이미 대한민국 헌법의 효력 범위 안에서 거주·생활하고 있는 것이 엄연한 현실이다.

법무부 발표에 따르면 2014년 8월 기준으로 국내 체류 외국인 숫자는 171만 896명이다. 이는 법무부가 관련 통계를 낸 이래 최대 수치이며, 1년 전인 지난해 8월에 비해 10.6%나 증가한 것이다. 국내 체류 외국인은 해마다 전년 대비 10%가량씩 계속 늘고 있는 추세다. 이처럼 많은 외국인이 우리 영토에 들어와 단기간 또는 장기간 거주하는 일이 갈수록 일반화하고 익숙해지면서 TV에도 외국인이 대거 등장하는 〈비정상회담〉 같은 프로그램이 속속 등장하고 시청자들에게도 인기를 끌고 있다.

이 같은 새로운 사회상을 반영해 헌법상의 권리를 외국인에게도 적용하여 '인간의 권리'라고 선언해야 할 시점이다. 내국민 보호를 전제로 한 기존 헌법의 틀을 과감하게 넓혀 외국인을 포함한 인간의 존엄과 가치를 추구하는 '개방된 기본권 조항'으로 나아가야 한다.

독일 헌법(독일연방공화국 기본법)은 제1조 제1항에서 "인간의 존엄성은 불가침이다. 이를 존중하고 보호하는 것은 모든 국가권력의 의무이다."라고 규정하고 있다. 우리도 1948년 헌법 제정 당시에는 '인민'으로 제안됐으나, 북한을 비롯한 공산주의 진영에서 널리 쓰이는 용어라는 이유로 '국민'으로 바뀌어 지금까지 이어졌다.

결론적으로 모든 인간이 당연히 누려야 할 대부분의 자유권적 기본권처럼 성질상 국적과 무관하고 외국인에게도 보편적인 주체성을 인정해야 할 경우에는 헌법 조항의 '모든 국민'을 '모든 인간' 또는 '누구든지'로 변경하는 것이 바람직하다.

이 경우 10조뿐만 아니라 12조, 13조, 16조, 17조, 18조, 19조, 20조, 21조, 22조 등이 모두 해당한다. 이 밖에 세금을 내는 국민에게만 주어지는 것이 합당한 참정권이나 다수의 사회적 기본권에 대해서는

'국민' 또는 '대한민국 국민인 자'로 구분해 기본권의 주체를 이원화하면 된다.

그런가 하면 기본권의 주체를 '자연인'과 '법인'으로 나눌 필요성도 제기된다. 기본권의 성격에 따라서 법인도 그 주체가 될 수 있음에도 현행 헌법에는 관련 규정이 전혀 없기 때문이다. 독일 헌법은 제19조 제3항에서 "기본권은 그 본질상 국내 법인에 적용될 수 있는 때에는 이들 법인에도 적용된다."고 규정하고 있다. 이를 참조해 우리 헌법에도 법인의 기본권 주체성을 명시하는 것이 적절하다.

또 하나 중요한 검토 사항은 국가의 기본권 보장 의무를 더욱 강조하고 적극적으로 부각시키기 위해 별도 조항을 신설하는 문제다. 현행 헌법은 제10조 제2문(두 번째 문장)에 "국가는 개인이 가지는 불가침의 기본적 인권을 확인하고 이를 보장할 의무를 진다."고만 서술해 기본권에 대한 국가의 의무가 다소 소극적으로 해석되기도 한다.

따라서 국가의 입법권, 집행권, 사법권 등 공권력 행사는 기본권에 구속된다는 표현을 별도 항에 마련하는 것이 좋겠다. 독일 헌법은 제1조 제3항에 "이하의 기본권은 직접 효력을 갖는 법으로서 입법, 집행 및 사법을 구속한다."고 했고, 스위스 헌법은 제35조 제2항에 "국가의 사무를 수행하는 자는 기본권에 구속되며 그 기본권의 실현을 위하여 기여할 의무를 진다."고 밝혀 국가에 대한 효력을 명확히 규정하고 있다.

이를 참조해 우리 헌법 제10조 제2문을 분리하고 내용을 보완해 제2항을 신설하는 방안이 알맞아 보인다. "국가는 입법, 집행, 사법 등 모든 국가권력을 구속하는 불가침의 기본적 인권을 확인하고 이를 보호할 의무를 진다."고 개정하면 국가의 기본권 보호 의무를 적극적으로 부각시키는 한편, 헌법적 구속력도 함께 담아낼 수 있다.

아울러 적법절차 원리의 확장을 위하여 "국가는 적법한 절차에 의하지 아니하고는 이러한 권리를 제한할 수 없다."는 문구를 제2항에 추가하는 방안도 적극 검토할 만하다. 적법절차 원리는 인권보장의 가장 핵심적인 헌법 원리이므로 기본권 조항의 맨 앞에 위치한 제10조에 이처럼 규정하면 형사절차상의 영역에 한정하지 않고 행정권 행사 등 국가의 모든 공권력 작용에 대한 헌법의 보편적 원리로 확장할 수 있다.

헌법 개정을 위한 제안

현행 제10조

제10조 [인간의 존엄성과 기본 인권 보장]
모든 국민은 인간으로서의 존엄과 가치를 가지며, 행복을 추구할 권리를 가진다.

개정 예시안

제10조
① 인간은 누구든지 인간으로서의 존엄과 가치를 가지며, 행복을 추구할 권리를 가진다.
② 국가는 입법, 집행, 사법 등 모든 국가권력을 구속하는 불가침의 기본적 인권을 확인하고 이를 보호할 의무를 진다. 국가는 적법한 절차에 의하지 아니하고는 이러한 권리를 제한할 수 없다.

① 모든 국민은 법 앞에 평등하다. 누구든지 성별·종교 또는 사회적 신분에 의하여 정치적·경제적·사회적·문화적 생활의 모든 영역에 있어서 차별을 받지 아니한다. ② 사회적 특수계급의 제도는 인정되지 아니하며, 어떠한 형태로도 이를 창설할 수 없다. ③ 훈장 등의 영전은 이를 받은 자에게만 효력이 있고, 어떠한 특권도 이에 따르지 아니한다. 제11조 [국민의 평등, 특수계급 제도 부인, 영전의 효력]

이른바 평등권 조항인 제11조 제1항은 차별금지 사유로 '성별', '종교', '사회적 신분' 세 가지만 내세우고, 해당 문구 뒤에 '등'이란 불완전명사를 붙여놓지 않아 이 세 가지 외의 사유로는 차별해도 되는 것처럼 해석될 여지가 있다. 이에 대해 사회적 약자와 소수자들을 폭넓게 보호하기 위해 차별금지 사유를 최대한 예시하는 것이 바람직하다는 지적이 많다. '기회의 평등', '형식적 평등'과 같은 종래의 평등 개념에서 사회적·경제적 약자 및 소수자에 대한 배려를 통해 '실질적 평등'을 추구하는 것이 현대의 평등 개념에 부합한다.

이와 관련해서는 국가인권위원회법 제30조 제2항을 참조할 수 있다. 여기에는 차별금지 사유로 성별, 종교, 장애, 나이, 사회적 신분,

출신 지역, 출신 민족, 용모 등 신체조건, 혼인 여부, 임신 또는 출산, 가족 상황, 인종, 피부색, 사상 또는 정치적 의견, 형의 효력이 실효된 전과, 성적 지향, 병력 등을 상세하게 들고 있다.

독일 헌법도 제3조 제3항에서 "누구도 성별, 가문, 종족, 언어, 고향과 출신, 신앙, 종교적 또는 정치적 견해를 이유로 불이익을 받거나 특혜를 받지 아니한다. 누구도 장애를 이유로 불이익을 받지 아니한다."고 우리 헌법보다 훨씬 구체적으로 열거하고 있다. 유럽연합 기본권 헌장 제21조는 "성별, 인종, 피부색, 종족 또는 사회적 신분, 유전적 특징, 언어, 종교 또는 세계관, 정치적 또는 여타의 견해, 소수 민족에의 소속, 재산, 출생, 장애, 연령 또는 성적 취향을 근거로 어떠한 차별도 금지되어야 한다."고 차별금지 사유를 총망라하는 식으로 기술하고 있다.

우리나라의 경우 이주노동자와 국제결혼 급증, 이로 인한 다문화 확산, 세계 각국으로 진출하는 재외국민의 지속적인 증가 등을 고려해 '인종'을 이유로 차별받지 않을 권리를 반드시 추가해야 한다.

물론 "모든 국민은 법 앞에 평등하다."고 해 국민이 아닌 경우는 제외하는 문구를 "모든 인간은 법 앞에 평등하다."로 손질해야 한다. '인종'을 포함해 위에서 열거한 여러 항목들에 대해 국내에서도 대체로 공감대가 형성돼 있는 만큼 차별금지 사유를 대폭 추가하는 개정이 별 문제는 없을 것으로 보인다.

다만, '성적 지향' 또는 '성적 취향'을 포함시키는 문제가 쟁점이 될 수 있을 것이다. 서울시민 인권헌장이 성소수자 차별금지 조항 명시

여부를 놓고 큰 소동을 빚다 끝내 무산된 사례 등에서 보듯이, 만약 개헌안에 이 대목을 포함시킬 경우 기독교계를 비롯한 보수층의 반대가 격렬할 것은 확실하다.

만약 동성애 문제를 포함시킨다면 제36조 제1항도 함께 손질해야 한다. "혼인과 가족 생활은 개인의 존엄과 양성의 평등을 기초로 성립되고 유지되어야 하며, 국가는 이를 보장한다."고 했는데, 이 경우 "양성의 평등"이라는 표현이 문제가 있기 때문이다. 가족 구성의 원인 행위가 되는 혼인은 반드시 남성과 여성, 즉 양성 사이에서 이뤄질 때만 인정된다는 전제를 깔고 있기 때문이다. 동성 간 가족 구성을 국가가 장려할 이유도 없지만 헌법으로 이를 굳이 배제하는 것은 지나치다. 법률상 동성의 부부가 혼인신고할 방법이 현재로서는 없다 하더라도 사실혼 관계에 있거나 그런 소망을 가진 국민을 차별하는 조문은 바람직하지 않다.

기본권 개헌 항목들을 하나씩 검토하면서 특히 고민스러웠던 대목이 여럿 있는데, 그중 하나가 이 '성적 취향'과 '동성 혼인'에 대한 입장을 헌법에 어떻게 반영할 것인가 하는 문제였다. 대통령이 성경에 손을 얹고 취임선서를 하는 기독교 국가인 미국에서조차 2015년 6월 연방 대법원의 결정으로 50개 주 전역에서 동성 결혼이 합법화된 상태다. 미국을 포함해 동성 결혼을 전국 단위에서 허용하는 나라는 네덜란드, 벨기에, 덴마크, 핀란드, 프랑스, 노르웨이, 스웨덴 등 유럽 선진국을 중심으로 21개국이나 된다.

하지만 우리의 국민감정은 아직 그와는 간극이 큰 듯하다. 결국 이 문제도 미국에서처럼 시간이 해결해 줄 때까지 좀 더 기다려야 할 것 같다. 미국 대법원은 결정문에서 "결혼은 예로부터 중요한 사회적 제도였지만 법과 사회의 발전과 동떨어져 홀로 있는 것은 아니다"라며 동성 결혼에 대한 반감이 많이 사라진 사회상을 반영해야 한다는 점을 강조했다. 이와 함께 "남녀 동성 커플들이 결혼의 이상을 경시한다고 생각하는 것은 오해"라면서 "그들은 법 앞에서의 평등한 존엄을 요구한 것이며 헌법은 그 권리를 그들에게 보장해야 한다"고 덧붙였다.

우리 사회 역시 동성애에 대한 반감이 많이 사라져 가는 추세임은 확실하다. 언젠가 헌법적 결단이 내려질 시점이 오리라 믿는다. 현재로서는 사회적 합의가 더 필요한 만큼 일단 동성애 관련 문구를 제외하고 제11조 개정안을 예시하면 다음과 같다.

헌법 개정을 위한 제안

현행 제11조

제11조 [국민의 평등, 특수계급 제도 부인, 영전의 효력]
① 모든 국민은 법 앞에 평등하다. 누구든지 성별·종교 또는 사회적 신분에 의하여 정치적·경제적·사회적·문화적 생활의 모든 영역에 있어서 차별을 받지 아니한다.

개정 예시 안

제11조
① 모든 인간은 법 앞에 평등하다. 누구든지 성별, 인종, 출생, 나이, 언어, 사회적 신분, 생활방식, 종교적·철학적·정치적 신념 또는 신체적·정신적 장애를 이유로 차별을 받지 아니한다. 국가는 실질적 평등의 실현을 촉진하고 각종 차별을 제거하기 위하여 적극적인 조치를 취해야 한다.

① 모든 국민은 법 앞에 평등하다. 누구든지 성별·종교
또는 사회적 신분에 의하여 정치적·경제적·사회적·문
화적 생활의 모든 영역에 있어서 차별을 받지 아니한다.

제11조 [국민의 평등, 특수계급 제도 부인, 영전의 효력]

평등권에서 특별히 제기되는 주장은 남녀평등에 관한 국가의 의무
를 명시하는 조항을 별도로 신설하자는 것이다. 우리 사회에 남녀차
별이 온존하고 성평등 지수가 선진국에 비해 현저히 낮으며 정치 부
문과 공공 부문의 저조한 관리직 비율 등 정치적 불평등 또한 심각
하다는 사실은 상식에 가깝다.

한 예로 2014년 10월 스위스 세계경제포럼WEF이 발표한 국가별 남
녀평등 순위(남녀격차 보고)에서 한국은 조사 대상 국가 142개국 중 117
위로 최하위권을 기록했다. WEF는 고용, 취학 기회, 건강, 정계 진출
등을 둘러싼 성별 격차를 수치화해서 매년 순위를 매기고 있다. 이
런 심각한 불평등 현실과 달리 현행 헌법은 제11조 차별금지 조항에

'성별' 한 단어만 넣고 있을 뿐이어서 선진국 헌법들과 비교했을 때 매우 빈약하고 추상적이며 정부의 의무도 구체적이지 않다는 지적이 여성계를 중심으로 줄곧 제기돼 왔다.

가령 독일 헌법은 제3조 제2항에 "남성과 여성은 동등한 권리를 가진다. 국가는 남성과 여성의 평등이 실질적으로 관철되도록 촉진하고 현존하는 불이익의 제거를 위해 노력하여야 한다."고 명시하고 있다. 별도의 조항으로 남녀평등을 강조하고, 나아가 국가에게 실질적인 의무 조치까지 부과해 우리 헌법보다 훨씬 뚜렷한 태도를 견지하고 있다. 스위스 헌법은 제8조 3항에서 "남성과 여성은 동등한 권리를 가진다. 법률은 특히 가정·교육·노동에 있어서 법적·실제적인 평등을 실현한다. 남성과 여성은 동일 가치의 노동에 대하여 동일임금 청구권을 가진다."고 되어 있다.

유럽연합 기본권 헌장 제23조도 "남녀평등은 고용·노동·임금을 비롯한 모든 분야에서 보장되어야 한다. 평등 원칙은 충분히 대표되지 못한 성性을 위하여 특별한 혜택을 부여하는 조치의 유지나 채택을 금지하지 않는다."고 적극적인 입장을 밝히고 있다. 프랑스 헌법은 여기서 더 나아가 "법은 선출직 공무원과 선출직 의원직에 여성과 남성이 동등하게 진출하도록 한다.", "정당과 정치집단은 법이 정한 조건 하에서 이 원칙을 현실화하도록 노력해야 한다."고 해 선출직 공무원과 의원 비율까지 남녀 동수를 지향하고 있다.

이 같은 비교법적 검토를 종합할 때 우리 헌법도 구체적이고 실질적인 양성평등 조항을 신설할 때가 됐다고 본다. 특히 프랑스 헌법처럼 정·관계에 남녀가 동수로 진출할 수 있는 헌법적 근거를 마련한다면 획기적이고 진보적인 개헌 성과로 평가받을 수 있다. 여성의 참정권 확대는 공동체의 과반수를 차지하는 여성의 대표성 확대로 정책 결정의 정당성을 높이고 우리 사회 전반의 효율성을 제고한다는 측면에서 명분도 충분하다. 남녀 인구수 비례의 원칙에 합치하기 때문에 남성에 대한 역차별이라고 보기도 어렵다.

프랑스의 경우 이미 1999년에 '파리테법 Parite'이라 불리는 남녀동수법 제정을 위해 헌법을 개정했으며, 이어 2000년에는 선거법을 개정해 각급 선거에 정당의 남녀 동수 공천을 의무화하고 미달할 경우 후보 등록 거부 및 국고보조금을 삭감하는 강경 조치를 취했다.

파리테법의 시행 결과는 괄목할 만해서 프랑스의 각급 의회(시의회·지역의회·유럽의회) 선거에서 여성 의원 비율이 파리테법 시행 전보다 10~30%포인트 급증해 단기간에 여성 대표성이 획기적으로 강화되었다. 영국·독일·스웨덴 등도 하위 법을 개정해 선출직 후보 할당제(영국 30%, 독일 50%, 스웨덴 40%)를 적극 실시하고 있기 때문에 법제도화를 통한 여성의 참정권 확대는 글로벌 스탠더드라는 게 여러 여성단체의 지적이다.

이에 비해 우리나라는 예컨대 19대 여성 국회의원이 모두 47명(지역구 19명, 비례대표 28명)으로 전체 국회의원의 15.7%를 차지하는데, 이는 세계 평균인 22.1%, 아시아 평균 18.5%에도 못 미치는 수준이다. WEF이 발표한 「2014 세계 성 격차 보고서」에서 한국의 정치참여 부문은 조사 대상 총 142개국 가운데 여성 국회의원(91위), 여성 국무위원(94위), 여성 최고지도자(39위) 분야 등을 합쳐 93위에 머물렀다.

이런 사정 때문에 한국여성단체협의회와 한국여성유권자연맹 등 여성단체 회장단은 새누리당 김무성 대표, 새정치민주연합 문재인 대표 등을 방문해 지역구 후보 여성 공천 비율을 30~50%로 의무화할 것을 촉구한 바 있다. 양성평등을 제2항에 신설하는 예시안은 다음과 같다.

헌법 개정을 위한 제안

개정 예시안(신설)

제11조

② 여성과 남성은 동등한 권리를 가진다. 국가는 가정·교육·노동 등 사회의 모든 분야에서 양성평등이 실질적으로 관철될 수 있도록 해야 한다. 법은 선출직 공무원과 선출직 의원직에 원칙적으로 여성과 남성이 동등하게 진출하도록 조건을 명시하며, 정당과 정치집단은 법이 정한 조건 하에서 이 원칙이 실현되도록 해야 한다.

② 사회적 특수계급의 제도는 인정되지 아니하며, 어떠한 형태로도 이를 창설할 수 없다. ③ 훈장 등의 영전은 이를 받은 자에게만 효력이 있고, 어떠한 특권도 이에 따르지 아니한다. 제11조 [국민의 평등, 특수계급 제도 부인, 영전의 효력]

남녀평등 조항이 신설되면 기존 제2항과 3항은 각각 제3항과 4항으로 재배치된다. 이때 제3항 '사회적 특수계급' 조항을 "사회적 특수계급의 제도는 인정되지 아니하며, 어떠한 형태로도 이를 창설할 수 없다. 소득이나 직위의 우월함에 의한 경제적 특수계급도 인정되지 아니한다."고 제2문을 추가해 보완하는 방안을 제안한다.

사회적 특수계급 조항은 본래 서양의 귀족 제도에서 유래했다. 국왕으로부터 토지나 특권을 부여받고, 이를 대를 이어 세습하던 봉건시대 귀족 계급의 폐단을 막자는 취지에서 근대 헌법에 도입한 것이다. 물론 우리도 왕조 시절엔 계급에 따른 귀천이 분명한 신분제 사회였으나 지금은 그런 식의 계급은 더 이상 존재하지 않는다.

하지만 현대 국가라고 계급이 전혀 없는 것은 아니다. 형식적이고 제도적인 계급은 사라졌으나 소득과 지위 격차 등에 따른 사실상의 계급이 현재 우리 사회에 엄연히 존재하지 않는다고 누가 부인할 수 있겠는가.

언론에는 하루가 멀다 하고 빈부격차로 파생되는 갖가지 사건과 현상들이 보도되고 있다. 소비와 교육 수준 등 세 분야에서의 현격한 격차로 인해 '신 계급사회'라고 할 만한 여러 우려스러운 문제들이 발생하고 있다. 국민들이 민감하게 여기는 대표적인 실상 중 하나가 이른바 '갑과 을'로 표현되는 심각한 계급 갈등이다.

얼마 전 큰 파문을 일으킨 대한항공 조현아 전 부사장의 이른바 '땅콩 회항' 사건도 한국 사회에 만연한 갑과 을의 계급 문제를 단적으로 드러낸 것이라고 할 수 있다. 〈미생〉이라는 드라마가 화제를 모은 것도 마찬가지 이유에서였다. 헌법의 평등권을 진지하게 실현하고 국민통합을 추구하려면 국가는 이 같은 현실적 계급의 존재가 사라질 수 있는 방안을 강구해야 한다.

현행 '사회적 특수계급' 조항은 역사적 유물의 흔적일 뿐이므로 사실 삭제해도 무방하다. 존치해야 할 의미가 있다면 소득이나 직위 격차로 발생하는 실질적인 경제적 계급 갈등을 해소하려는 의지를 명시하는 쪽으로 보완하는 게 바람직하다. 기존의 제3항 "훈장 등의 영전은 이를 받은 자에게만 효력이 있고, 어떠한 특권도 이에 따르지 아니한다."는 현대 사회에서 별 의미가 없고 굳이 헌법상의 독자 조항으로 둘 이유도 없으므로 삭제하는 게 낫다.

현행 제11조

제11조 [국민의 평등, 특수계급 제도 부인, 영전의 효력]
② 사회적 특수계급의 제도는 인정되지 아니하며, 어떠한 형태로도 이를 창설할
수 없다.
③ 훈장 등의 영전은 이를 받은 자에게만 효력이 있고, 어떠한 특권도 이에 따르지
아니한다.

개정 예시 안

제11조
④ 사회적 특수계급의 제도는 인정되지 아니하며, 어떠한 형태로도 이를 창설할 수
없다. 소득이나 직위의 우월함에 의한 경제적 특수계급도 인정되지 아니한다.

"당신과 나, 우리 모두는 여자가 남자가 될 수도, 남자가
여자가 될 수도 없지만, 누구나 장애인은 될 수 있다"는
경구가 있다. 이처럼 장애는 성별, 종교, 인종, 사회적 신분 등
다른 여러 차별금지 사유들과는 확연히 구별되는
보편성을 띠고 있다.

민주화 이후 장애인 정책의 중요성은 수없이 거론돼 왔지만 우리나라 장애인들이 처한 현실은 아직도 매우 열악한 수준이다. 2006년 기준 장애인 예산은 국내총생산GDP 대비 0.28% 수준으로 경제협력개발기구OECD 국가 평균인 2.5%의 10분의 1 정도에 불과하다.

2008년 보건복지가족부가 발표한 「장애인 등을 위한 편의시설 실태 전수조사 결과」를 보면 법적 설치 기준에 부합하는 장애인 편의시설 설치율은 전국 평균 55.8%에 그쳐 장애인들이 마음 놓고 다닐 수 있는 환경이 안 된다. 2009년 기준 우리나라의 장애인연금 지출 비중은 GDP 대비 0.1%로 OECD 34개 회원국 중 멕시코(0.0%)를 제외하면 꼴찌다. 이 비중은 1990년에도 0.1%로 20년 새 거의 변화가 없었다.

장애인들의 취업과 소득 실태 역시 형편없다. 2011년 기준 취업 장애인의 월평균 소득은 142만 원으로 일반 상용근로자(286만 원)의 절반에도 못 미친다. 자폐성 장애의 경우 월평균 소득이 38만 원밖에 안 돼 일반 상용근로자의 13.3%에 불과하다. 2011년 중앙행정기관과 헌법기관, 지방자치단체, 교육청 등 정부 부문 전체의 장애인 고용률은 2.5%였다. 민간부문은 이보다 더 적어 2.2%로 나타났다. 장애인 실업률은 통계청 기준 전체 실업률보다 2배 이상 높다.

가장 최근의 통계를 보면 더욱 한숨이 나온다. 한국보건사회연구원이 발행하는 〈보건복지포럼〉 2015년 8월호에는 이선우 인재대학교 교수가 장애인 실태를 조사한 내용이 실렸는데, 이에 따르면 우리나라 장애인 3명 중 2명이 국민연금에도 가입 못 한 빈곤층이다. 18세 이상 장애인 중 국민연금 가입 비율이 3명 중 1명 꼴인 34.1%에 불과한 것이다. 이는 통계청이 2014년 말 발표한 전체 가입률 68.9%의 절반에도 미치지 못한다. 다른 공적·민간 연금 가입률도 극히 저조해 개인연금 3.8%, 공무원연금 2%, 사학연금 0.4%, 군인연금 0.3%, 보훈연금은 1.9%의 가입률을 기록했다. 연금 가입률이 낮다 보니 국민연금의 하나인 장애연금을 받는 비율도 1.7%에 그쳤다. 장애인의 31.1%는 소득이 최저생계비에 미치지 못하는 '절대적 빈곤층', 48.4%는 '상대적 빈곤층'으로 분류됐다. 이런 통계는 끝이 없다.

보건복지부가 2015년 4월 발표한 '2014년 장애인 실태조사' 결과에 따르면 우리나라 등록 장애인 숫자는 무려 273만 명으로 전체 인구의 5.6%를 차지한다. 국민 20명 중 1명 이상이 장애인이라는 것이다. 이는 2005년 조사 때보다 100만 명 가까이 늘어난 수치다. 장애인의 88.9%는 사고나 질환 등 후천적 원인으로 장애가 생긴 것으로 나타났다. 후천적 장애인이 양산되는 사회라면, 국가의 노력 여하에 따라 어느 정도 예방하는 것도 가능하다는 이야기다. 즉, 장애인 복지정책을 강화하는 것도 중요하지만, 장애 발생률을 낮출 수 있는 방향으로 국가 정책을 전환할 필요가 있음을 보여준다.

국내에 장애인이 이렇게 엄청난 규모로 존재하고 발생하는데도 관련 정책은 글로벌 스탠더드에 턱없이 못 미칠 정도로 부실하다. 기존 장애인의 인간답게 살 권리를 보장하는 정책이든, 장애인 발생 자체를 예방하는 대책이든, 국가적 관심과 지원이 절실한 상황이다.

장애인의 인권과 복지 수준은 한 나라가 선진국이냐 후진국이냐를 가름하는 시금석이다. "장애인이 편리한 것이면 누구에게나 편리하다"는 말처럼, 사회적 약자 중에서도 가장 약자에 속하는 장애인이 살기 편한 사회가 선진국의 핵심 증표이기 때문이다.

오늘날 장애인 복지의 새로운 패러다임은 '정상화'와 '사회통합'이다. 정상화는 장애인의 대규모 수용에 반대하며 장애인이 장애를 가지지 않은 다른 사람들과 동등한 생활 양식을 가질 수 있도록 유도하는 것이고, 사회통합은 장애인이 한 인격적인 주체로서 정상적이고 가치 있는 방법으로 지역사회 활동에 참여하도록 하는 것을 말한다.

이 같은 정상화와 사회통합의 개념은 일반적이고 보편적인 삶을 살고자 하는 장애인의 욕구를 대변하는 것이다. 장애인 복지의 기본 이념은 한마디로 '인간으로서의 가치 실현'에 있다. 그러나 우리나라의 장애인 현실은 이와 거리가 멀다. 비장애인과 비교할 때 교육

기회의 봉쇄 등 누적된 차별과 불평등으로 장애인들은 경제적 궁핍에 내몰려 생존권부터 위협받는다.

따라서 장애인 문제와 관련한 헌법 개정은 당연히 사회적 기본권 확대의 주요 사안으로 다뤄져야 한다. 평등권을 규정한 제11조 제1항의 차별금지 사유 중 하나로 '장애'를 반영하는 것은 물론, 한 발 더 나아가 독일의 경우처럼 헌법에 장애인 차별금시 규정을 독자적으로 삽입해 그 중요성을 강조하는 방안을 적극 검토해야 한다.

독일 헌법은 제3조 제3항에 "누구도 장애를 이유로 불이익을 받지 아니한다."고 명문화했다. 아울러 유럽연합 기본권 헌장은 제26조를 통해 장애인의 사회통합을 이렇게 강조하고 있다. "유럽연합은 장애인의 독립, 사회적·직업적 통합, 공동체 생활의 참여를 보장하기 위한 조치들을 요구할 수 있는 장애인의 권리를 인정하고 존중한다."

사실 장애라는 건 특수한 집단에 한정된 특이한 현상이 아니라, 인간이면 누구나 한 번 이상 겪게 되는 보편적 현상이라는 점을 환기할 필요가 있다. "당신과 나, 우리 모두는 여자가 남자가 될 수도, 남자가 여자가 될 수도 없지만, 누구나 장애인은 될 수 있다."는 경구가 있다. 이 말처럼 인간은 누구나 태어나서 걷기 전까지는 부모나 유모차에 의존해야 하는 '장애'를 가진다. 또 태어나서 한 번쯤은 팔다리가 부러지는 등의 사유로 일정 기간 '장애'를 경험하게 마련이다. 일상에서도 누구나 무거운 짐 등을 들면 그 순간 '장애' 현상에 해당하는 어려움을 겪게 된다. 여자의 경우 임신을 하면 약 10개월 동안 '장애' 상태에 놓인다. 무엇보다 인간은 누구나 늙고 병들면 신체의 쇠약과 퇴화로 '장애' 상태가 될 수밖에 없다.

이처럼 장애는 성별, 종교, 인종, 사회적 신분 등 다른 여러 차별금지 사유들과는 확연히 구별되는 보편성을 띠고 있다. 장애 차별 금지가 독자 규정으로 삽입되어야 하는 이유다. 특히 경제 규모에 비해 장애인에 대한 배려가 크게 부족하고 사회적 차별이 온존하며 정책의 진보도 매우 더딘 우리 사회에서는 헌법에 장애인 차별금지 조항을 따로 마련해 각별히 부각시킬 필요성이 있다.

구체적으로 평등권을 규정한 제11조에 "누구든지 신체적·정신적 장애를 이유로 차별을 받지 아니한다. 장애인은 모든 생활영역에서 동등하게 참여할 권리를 가지며, 국가와 국민은 통합적 사회 실현을 위하여 노력하여야 한다."는 조항을 추가하면 적절할 것으로 보인다. 이 경우 제11조는 전체적으로 다음과 같은 구성을 갖게 된다.

헌법 개정을 위한 제안

개정 예시안(신설)

제11조
③ 누구든지 신체적·정신적 장애를 이유로 차별을 받지 아니한다. 장애인은 모든 생활영역에서 동등하게 참여할 권리를 가지며, 국가와 국민은 통합적 사회 실현을 위하여 노력하여야 한다.

"누구든지 충분한 경제력을 보유하지 않은 자는 그 쟁송의
승소 가능성이 전혀 없다고 보이지 않는 한 무상의 법률
지원을 받을 권리를 가진다. 또한, 그 권리를 보호하기 위해
필요한 경우에는 변호인의 무료 변론을 받을 권리를 가진다."
– 스위스 헌법 제29조 제3항

④ 누구든지 체포 또는 구속을 당한 때에는 즉시 변호인의 조력을 받을 권리를 가진다. 다만, 형사피고인이 스스로 변호인을 구할 수 없을 때에는 법률이 정하는 바에 의하여 국가가 변호인을 붙인다.

제12조 [신체의 자유, 자백의 증거능력]

국선변호인 관련 조항을 개정할 필요성에 대해서는 대부분의 헌법학자들도 동의하고 있다. 현행 헌법이나 법률은 피고인에 대해서만 국선변호인 제도를 허용하고 있어 피의자 단계에서는 당사자 스스로 변호인을 구할 경제력 등을 갖추지 못했을 경우 전혀 도움을 받을 수 없다. 입건이나 체포, 구속을 당한 개인은 강력한 수사 조직에 비해 대개 열악한 지위에 놓이게 마련이다.

따라서 법률 전문가이자 강제수사권을 가진 경찰 또는 검사에 맞서 자신을 방어할 수 있도록 해줘야 한다. 이와 관련해 스위스 헌법 제29조 '소송의 일반적 보장' 제3항의 입법례는 다음과 같다. "누구든지 충분한 경제력을 보유하지 않은 자는 그 쟁송의 승소 가능성이 전혀 없다고 보이지 않는 한 무상의 법률 지원을 받을 권리를 가진다. 또한, 그 권리를 보호하기 위해 필요한 경우에는 변호인의 무료 변론을 받을 권리를 가진다."

우리 형사소송법은 구속된 피고인, 미성년자이거나 70세 이상인 피고인, 농아자 또는 심신장애 의심이 가는 피고인, 무거운 형에 해당하는 범죄로 기소된 피고인 등에게 국선변호인을 선정해 주도록 하고 있다. 따라서 피의자 단계에서도 피고인처럼 일정 조건에 해당할 경우 국선변호인을 선임할 수 있도록 헌법에서 방어권 보장의 길을 열어놓고, 그 구체적인 조건에 대해서는 형사소송법에서 규정하는 것이 바람직하다.

헌법 개정을 위한 제안

현행 제11조

제12조 [신체의 자유, 자백의 증거능력]
④ 누구든지 체포 또는 구속을 당한 때에는 즉시 변호인의 조력을 받을 권리를 가진다. 다만, 형사피고인이 스스로 변호인을 구할 수 없을 때에는 법률이 정하는 바에 의하여 국가가 변호인을 붙인다.

개정 예시 안

제12조
④ 누구든지 체포 또는 구속을 당한 때에는 즉시 변호인의 조력을 받을 권리를 가진다. 다만, 형사피의자와 형사피고인이 스스로 변호인을 구할 수 없을 때에는 법률이 정하는 바에 의하여 국가가 변호인을 붙인다.

사상의 자유 명시

모든 국민은 양심의 자유를 가진다.

제19조 [양심의 자유]

① 모든 국민은 종교의 자유를 가진다.
② 국교는 인정되지 아니하며, 종교와 정치는 분리된다.

제20조 [종교의 자유]

우리 헌법은 제19조와 제20조에 걸쳐 '양심의 자유'와 '종교의 자유'를 나누어 규정하고 있다. 이 두 기본권은 불가분의 관계에 있기 때문에 한 개의 조문에 항목만 달리하여 집어넣는 방안을 고려할 수 있다. 또한 여기에 '사상의 자유'도 포함시키는 게 좋을 것이다. 현행 헌법은 사상의 자유를 따로 규정하지 않아 헌법재판소 판례에 따라 양심의 자유 속에 사상의 자유도 내포된 것으로 해석되고 있다.

그러나 자유민주주의 사회에서 사상의 자유가 차지하는 중요성을 감안할 때 이를 따로 부각시키는 명문 규정이 꼭 필요하다. 권력의 변동에 따라 국민의 사상의 자유가 수시로 위협받는 우리나라 현실에서는 더욱 그렇다.

일본 헌법은 제19조에서 "사상과 양심의 자유를 침해하여서는 아니 된다."고 사상의 자유와 양심의 자유를 분리해 표현했고, 독일 헌법은 제4조 제1항에서 "신앙과 양심의 자유 그리고 종교적·세계관적 고백의 자유는 침해받지 아니한다."고 해 종교의 자유와 양심의 자유, 그리고 사상의 자유까지 차례로 서술하고 있다.

헌법 개정을 위한 제안

현행 제19조, 제20조

제19조 [양심의 자유]
모든 국민은 양심의 자유를 가진다.

제20조 [종교의 자유]
① 모든 국민은 종교의 자유를 가진다.
② 국교는 인정되지 아니하며, 종교와 정치는 분리된다.

- -

개정 예시안

제19조
① 모든 국민은 양심의 자유를 가진다.
② 모든 국민은 사상의 자유를 가진다.
③ 모든 국민은 종교의 자유를 가진다. 국교는 인정되지 아니하며, 종교와 정치는 분리된다.

언론·출판의 자유를 넘어 표현의 자유로

① 모든 국민은 언론·출판의 자유와 집회·결사의 자유를 가진다. ② 언론·출판에 대한 허가나 검열과 집회·결사에 대한 허가는 인정되지 아니한다. ③ 통신·방송의 시설기준과 신문의 기능을 보장하기 위하여 필요한 사항은 법률로 정한다. ④ 언론·출판은 타인의 명예나 권리 또는 공중도덕이나 사회윤리를 침해하여서는 아니된다. 제21조 [언론·출판·집회·결사의 자유 등, 언론·출판에 의한 피해 배상]

'표현의 자유'는 현대 민주주의에서 필수불가결한 기본권이다. 표현의 자유를 내포하는 '언론·출판의 자유'는 우리 헌법에서 가장 우월적인 기본권이자 민주주의의 토대가 되는 인권으로 인정된다. 헌법은 표현의 자유를 직접 명시하지 않고 '언론·출판·집회·결사의 자유'를 선언해 표현을 매개하는 수단을 중심으로 열거하고 있다.

헌법재판소는 "헌법 제21조는 표현의 자유를 보장하고 있는데, 이는 개인이 인간으로서의 존엄과 가치를 유지하고 행복을 추구하며 국민주권을 실현하는 데 필수불가결한 것으로 오늘날 민주국가에서 갖는 가장 중요한 기본권의 하나로 인식되어진다."고 판시한 바 있다.

그런데 제21조에서 열거하는 '언론·출판의 자유', '집회·결사의 자유'는 그 정의와 의미, 한계 등에 대한 법적 원리가 서로 다르고 이질적인 부분이 있기 때문에 두 가지를 분리해 각각 별도로 조항을 만드는 게 바람직하다. 아울러 전통적인 형식에 고착된 언론·출판의 자유는 정보통신 기술의 눈부신 발전과 인터넷 소셜미디어 시대의 도래 등에 걸맞게 현재의 문구로 한정하지 말고 다양한 방식의 의사표현을 보장하는 포괄적인 의미, 즉 표현의 자유로 확대할 필요가 있다.

세계인권선언 제19조는 "사람은 누구나 의견 및 표현의 자유를 누릴 권리를 가진다. 이 권리에는 간섭을 받지 않고 의견을 지닐 자유와, 무슨 수단을 통해서거나 그리고 국경과는 무관하게 정보와 사상을 추구하고 얻고 또 전달할 수 있는 자유가 포함된다."고 했고, 시민적·정치적 권리에 관한 국제협약 제19조는 "①모든 사람은 간섭받지 아니하고 의견을 가질 권리를 가진다. ②모든 사람은 표현의 자유에 대한 권리를 가진다. 이 권리는 구두, 서면 또는 인쇄, 예술의 형태 또는 스스로 선택하는 기타의 방법을 통하여 국경에 관계없이 모든 종류의 정보와 사상을 추구하고 접수하며 전달하는 자유를 포함한다."고 선언했다.

독일 헌법 제5조 제1항은 "누구든지 언어, 문서 그리고 그림으로 자유로이 의사를 표현하고 전파하며, 일반적으로 접근할 수 있는 정보원으로부터 방해를 받지 아니하고 정보를 얻을 권리를 가진다. 출판의 자유와 방송 및 영화를 통한 보도의 자유는 보장된다. 검열은 행하지 아니한다."고 폭넓게 개념화하고 있다.

현행 제3항과 세4항에 대해서는 삭제 의견이 많다. 제3항의 경우 통신·방송·신문의 설립과 시설 등을 법률로 정한다고 제한해 뉴미디어 시대의 새로운 언론기관 신설에 장애가 되고 기존 언론기관에게는 결과적으로 독점적 이익을 제공할 수 있어 언론·출판 자유의 본래 취지에 반한다는 비판을 받는다.

제4항은 언론 기능이 제한되는 경우를 명시하고 있는데, '공중도덕'이나 '사회윤리'와 같은 모호한 개념을 근거로 내세우고 있어 권력 등이 언론·출판의 자유를 자의적으로 제한할 수 있기 때문에 독소조항에 가깝다. 또 다른 근거인 '타인의 명예나 권리'를 훼손하는 경우에 대해서는 적절한 법률적 조치들이 이미 마련돼 있어 결국 제4항도 폐지하는 것이 적절하다.

헌법상 표현의 자유는 보장에 치중하고 제한에는 신중을 기하는 것이 타당하다는 게 헌법학계의 공통된 인식이다. 수사기관과 사법부 등을 통해 국민의 표현의 자유를 임의로 침범하는 행위가 만연한 시대에는 그 필요성이 더욱 절실하다고 하겠다.

헌법 개정을 위한 제안

현행 제21조

제21조 [언론·출판·집회·결사의 자유 등, 언론·출판에 의한 피해 배상]
① 모든 국민은 언론·출판의 자유와 집회·결사의 자유를 가진다.
② 언론·출판에 대한 허가나 검열과 집회·결사에 대한 허가는 인정되지 아니한다.
③ 통신·방송의 시설기준과 신문의 기능을 보장하기 위하여 필요한 사항은 법률로 정한다.
④ 언론·출판은 타인의 명예나 권리 또는 공중도덕이나 사회윤리를 침해하여서는 아니된다.

개정 예시안

제21조
① 누구든지 말과 글, 그림 등으로 자유로이 의사를 표현하고 전파할 권리를 가진다. 모든 국민은 언론·출판, 정보의 자유로운 수집·유통의 자유를 가진다.
② 언론·출판에 대한 허가나 검열은 인정되지 아니한다.

① 모든 국민은 언론·출판의 자유와 집회·결사의 자유를 가진다. 제21조 [언론·출판·집회·결사의 자유 등, 언론·출판에 의한 피해 배상]

앞서 말한 대로 집회·결사의 자유는 언론·출판의 자유에서 따로 떼어내는 게 맞다. 사실 일반 시민들에게 언론·출판이라는 영역은 접근이 그렇게 용이하지 않기 때문에 집회·결사의 자유가 중요한 의미를 갖는다. 그런데 현행 「집회 및 시위에 관한 법률」은 너무 엄격하고, 정부에 비판적인 국민들의 표현의 자유를 억제하는 수단으로 악용되는 측면이 강하기 때문에 헌법이 이를 제약할 필요성이 있다. 집회 현장에서 「집회 및 시위에 관한 법률」이 과잉 적용되는 사례가 너무 빈번하기 때문이다.

독일 헌법은 집회의 자유를 별도로 규정한 제8조에서 "①모든 독일인은 신고나 허가 없이 평온하게 또는 무기를 휴대하지 아니하고 집회를 할 수 있는 권리를 가진다. ②옥외집회에 대하여서는 법률에 의하여 또는 법률의 근거에 기초하여 그 권리가 제한될 수 있다."고 밝혔다.

우리 헌법도 평화적 집회의 자유를 최대한 보장하고 이에 대한 제한은 엄정하게 규정하는 조항을 갖출 필요가 있다. 다만 적지 않은 국민이 공공장소에서의 집회 행위가 너무 빙민하게 이뤄지고 있다는 인식을 갖고 있는 만큼 적절한 공감대를 형성하는 작업이 함께 이루어져야 한다.

헌법 개정을 위한 제안

현행 제21조

제21조 [언론·출판·집회·결사의 자유 등, 언론·출판에 의한 피해 배상]
① 모든 국민은 언론·출판의 자유와 집회·결사의 자유를 가진다.

개정 예시안

① 모든 국민은 결사의 자유를 가진다.
② 모든 국민은 평화적 집회의 자유를 가진다.
③ 옥외에서의 집회 또는 행진에 대하여는 공공의 안전에 긴급한 필요가 있는 경우 법률에 의해서만 제한되는 것이 허용된다.

정보통신 기술 및 문화와 관련된 획기적인 진전은 1987년 이후 우리 사회의 대표적인 변화로 꼽힌다. 인터넷과 스마트폰이 없는 일상은 이제 상상하기 어려운 현실이 됐다. 그러나 현행 헌법에서 이와 연관시킬 수 있는 기본권 보호 조항은 헌법 제17조 "모든 국민은 사생활의 비밀과 자유를 침해받지 아니한다."라는 규정 정도일 것이다. 따라서 정보화 사회로의 급격한 진전에 따른 시대 변화를 담아낼 수 있는 기본권 신설이 필요하다.

개인의 사적인 정보들이 본인의 동의 없이 인터넷상에 마구 유포되거나 정부나 은행 등에 의해 임의로 수집돼 이용당하는 사례가 빈발하면서 새로운 유형의 여러 사회 문제가 양산되고 있는 실정이다.

특히 사법당국의 포털 사이트 및 카카오톡에 대한 사이버 사찰, 국가정보원의 해킹 장비 도입 및 도·감청 의혹 등이 불거지면서 정보 기본권의 중요성이 한층 부각되고 있다. 컴퓨터나 전산망 등을 통한 사생활 감시와 개인정보 침해는 피해자가 언제 어디서 무엇이 얼마나 침해됐는지 거의 알 수 없고, 나중에 알게 되더라도 그 구제가 사실상 불가능하다는 특징을 갖고 있다.

"모든 국민은 사생활의 비밀과 자유를 침해받지 아니한다."
는 두루뭉술한 20세기적 조항으로 21세기의 현실을
담아내기에는 역부족이라 할 수 있다.

대한민국은 정보통신 기술 및 인터넷 문화 발달 정도가 세계 최고 수준이어서 정보 침해를 둘러싼 문제도 자주 공론화되는 사회다. 사생활의 비밀 조항이 만들어질 당시에는 공권력의 사이버 검열에 대한 문제의식은커녕 개념조차 없었다. '개인정보 자기결정권'이 사생활보호권에 근거해 인정되고는 있지만, 정식으로 기본권 목록에 들어가는 게 시대 흐름과도 부합한다.

따라서 개인정보의 생산·보유·이용·열람·삭제·제공 등에서 당사자의 통제권과 결정권을 명확히 하는 조항을 독자적으로 규정해 '정보화 사회의 룰'을 만들어 나갈 필요성이 크다. 개인정보 자기결정권의 기본권적 성격과 헌법 조문화에 대해서는 헌법재판소의 판시를 참고할 수 있다.

"개인정보 자기결정권은 자신에 관한 정보가 언제 누구에게 어느 범위까지 알려지고 또 이용되도록 할 것인지를 그 정보 주체가 스스로 결정할 수 있는 권리이다. 즉 정보 주체가 개인정보의 공개와 이용에 관하여 스스로 결정할 권리를 말한다. 개인정보를 대상으로 하는 조사·수집·보관·처리 등의 행위는 모두 원칙적으로 개인정보 자기결정권에 대한 제한에 해당한다. 개인정보 자기결정권은 헌법 제17조 사생활의 비밀과 자유 등을 이념적 기초로 하는 독자적 기본권으로서 헌법에 명시되지 아니한 기본권이라고 보아야 할 것이다."

정보기본권, 즉 개인정보 자기결정권을 헌법에 명시할 경우, 특히 국가나 공공기관이 개인정보를 수집할 때 정당한 수집 목적과 필요한 범위 내에서 당사자의 동의 또는 법률의 근거에 따라 할 것을 반드시 규정해야 한다. 또한 국민이 자신에 관한 정보의 열람을 청구하고 원할 경우 정정·삭제할 수 있는 권리도 포함돼야 한다.

정보소외계층에 대한 배려도 필요하다. 지금 시대에 정보기술 및 정보자원에 대한 접근 능력 부재는 지식 정보의 결핍뿐만 아니라 정치·경제·사회적 참여의 사실상 박탈을 의미하기 때문이다. 따라서 정보소외계층에 대한 정보접근권을 함께 설정함으로써 정보 격차 해소가 실질적으로 이루어질 수 있도록 헌법으로 규율하는 것이 바람직하다.

해외 입법례를 보면 독일 헌법의 경우, 제10조 제1항에서 "서신의 비밀과 우편 및 통신의 비밀은 불가침이다."라고 선언하고 제2항에서 "오직 법률에 의해서만 이를 제한할 수 있다."고 규정했다. 특히 포르투갈 헌법은 다음과 같이 제35조를 통해 상세한 내용을 담고 있다.

① 국가 비밀과 사법 비밀에 관한 법률을 제외하고는 모든 시민은 자신의 정보에 관한 삭제권 및 수정권을 가져야 한다.
② 개인정보나 파일에의 접근은 법률에 규정된 예외적인 경우를 제외하고는 금지되어야 하고, 특히 이러한 파일들의 내적 연결은 물론 제3자에 대한 정보 획득

의 목적을 위한 접근은 금지되어야 한다.

③ 통계 목적을 위하여 확인할 수 없는 정보를 다루는 경우를 제외하고는 개인의 철학적이거나 정치적 신념, 종교적 믿음, 정당과 노동조합 가입 여부, 사생활에 관한 정보가 다루어져서는 안 된다.

④ 법률은 공적·사적 영역에서 정보은행과 데이터베이스를 만들 조건과 활용 및 접근 조건은 물론 정보 저장 목적을 위하여 개인정보의 개념을 규정해야만 한다.

⑤ 시민들은 모든 목적의 국가적인 확인번호를 가져서는 안 된다.

⑥ 법률은 국경 없는 정보 흐름에서 국가 이익상 그 보호가 정당화되는 다른 정보와 개인정보의 보호에 관하여 적절한 규정을 만들어야만 한다.

정보기본권 신설에는 새로운 개념과 사회현상들에 대한 다각도의 검토가 요구되기 때문에 상당히 세심한 작업이 필요할 것으로 예상된다. 대략적인 조문을 제시하면 다음과 같다.

헌법 개정을 위한 제안

개정 예시안(신설)

① 누구든지 자기 정보에 대한 생산·보유·이용·열람·삭제·제공의 권리를 가진다.

② 모든 국민은 공적 정보에 자유롭게 접근할 수 있으며, 국가 및 공공기관은 중대한 공익이나 개인의 사생활 보호를 위해 필요한 경우가 아니면 정보공개 요청에 응하여야 한다.

③ 국가는 정당한 수집 목적에 따라 필요한 범위 내에서 정보 주체의 동의를 받거나 법률에 근거하여 개인정보를 수집할 수 있다. 이 경우 개인은 자기 정보에 대한 열람·정정·삭제를 국가에 요구할 수 있다.

④ 국가는 정보기본권 신장과 정보 격차 해소를 위해 노력하여야 한다.

① 모든 국민은 헌법과 법률이 정한 법관에 의하여 법률
에 의한 재판을 받을 권리를 가진다.

제27조 [재판을 받을 권리, 형사피고인의 무죄 추정 등]

① 사법권은 법관으로 구성된 법원에 속한다.

제101조 [사법권·법원 조직·법관의 자격]

오랜 준비 끝에 2008년 1월부터 한국형 배심원 제도인 국민참여재
판이 시행됐다. 한국 사법사상 처음으로 무작위로 선정된 국민들이
형사재판 과정에 배심원으로 참여토록 해 사법의 민주화를 진전시
킨 획기적인 제도다.

국민참여재판은 국민이 형사사법 절차에 직접 참여해 사회의 건전
한 상식이 판결에 반영되도록 하고, 재판 과정을 감시해 법관의 자
의적인 재판 운영을 견제하며, 전관예우와 유전무죄·무전유죄 등의
고질적 문제가 발생할 소지를 줄였다는 점에서 긍정적으로 평가된
다. 법률 전문가들이 독점하고 있는 사법권에 민주주의 정신을 보강
한 전향적 조치라고 할 수 있다.

2008년 2월 대구지방법원에서 열린 강도상해사건 재판을 시작으로 2008년 64건에 불과했던 국민참여재판은 2009년 95건, 2010년 162건, 2011년 253건, 2012년 274건, 2013년 345건으로 지속적으로 증가해 왔다. 2008년 1월 1일부터 2014년 8월 31일까지 전국 법원이 행한 1368건의 국민참여재판 내용을 분석해 보니, 배심원 다수의 평결과 판사의 판단이 일치한 경우가 93%에 달해 전문적 법률 지식을 갖고 있지 않은 배심원단의 판단이 판결과 큰 차이가 없었다는 조사 결과도 나온 바 있다. 증인 또는 전문심리위원 신청이 폭넓게 수용되는 등 변론 기회와 양형 사유가 일반 재판부만의 심리보다 풍부하다는 점도 장점으로 꼽힌다.

일각에서 국민참여재판을 '감성재판', '인민재판' 등으로 폄훼하고 있지만 시민의 형사사법 참여는 세계적인 추세라고 할 수 있다. 현재 60여 개 국가에서 형사재판의 국민참여제도를 도입, 시행 중이다.

국민이 직접 참여하는 재판이라는 점에서 시민의 법 의식을 높일 뿐만 아니라 국민주권주의·참여민주주의의 실현을 통해 사법의 민주적 정당성과 투명성을 제고한다는 사실이 널리 인정되고 있다는 증거다.

다만, 우리 배심제는 미국식도 아니고 유럽식도 아닌 변형된 방식으로, 제도 면에서 아직 미완의 상태라 할 수 있다. 배심원단의 평결이 법관을 기속하지 않고 다만 '권고적 효력'을 갖는다는 점에서 미국식 배심제에 못 미치고, 법관의 의견을 청취해 다수결로 평결할 수 있되 법관과 함께 합의체를 구성해 법률심까지 관여하지는 못한다는 점에서 유럽식 참심제와도 다르다. 판결을 구속하지는 못하더라도 배심원들의 의견이 참삭뇌는 만큼 판사가 가진 절대 권력이 시민들에게 일부 돌려졌다는 '작은 첫걸음'을 내디뎠다는 점에서 성과가 작지 않다.

하지만 앞으로 좀 더 실질적인 배심제로 운영해 볼 여지가 많다. 피고인의 유·무죄를 결정하는 미국식 배심제로 가거나, 배심원들이 사실심뿐만 아니라 법관과 함께 동등한 합의체로서 법률 해석, 유·무죄 평결 및 양형에까지 관여하는 독일·프랑스 등과 같은 참심제로 발전시키는 것이다.

그러나 이 같은 시도는 현행 헌법으로는 불가능하다. 제27조 및 제101조에서 모든 국민은 "헌법과 법률이 정한 법관", 즉 직업 법관에 의하여 재판을 받을 권리만 가지며, 사법권은 법관으로 구성된 법원에 속한다고 못박고 있기 때문이다. 사실 2008년에 도입된 지금의 혼합형·절충형 배심제는 여러 논란과 고민 끝에 헌법이 허락하는 최선의 제도적 방편을 선택한 것이었다. 판사가 배심원의 판단을 참고만 하게 함으로써 '법관에 의한 재판을 받을 권리'의 침해 소지를 피해 간 것이다. 본격적인 배심재판 도입에 헌법이 장애가 되고 있는 셈이다. 지금까지 좋은 평가를 받은 국민참여재판을 확고하게 정착시키고 확대·발전시키기 위해서는 헌법을 일정 부분 손질하지 않으면 안 된다.

배심제가 가장 발달하고 역사도 오래된 미국의 경우, 헌법이 배심제를 강력하게 보장하고 있다. 미국 연방헌법은 제3조 제2절 제3항에서 "탄핵 사건을 제외한 모든 범죄의 재판은 배심제로 한다. 그 재판은 그 범죄가 행하여진 주에서 하여야 한다. 다만 그 범죄지가 어느 주에도 속하지 아니할 경우에는 연방의회가 법률에 의하여 정하는 장소에서 재판한다."고 해 배심재판을 거의 강제하고 있다. 또 수정 헌법 제6조를 통해 "모든 형사소추에서 피고인은 범죄가 행하여진 주 및 법률이 미리 정하는 지역의 공정한 배심에 의해 신속한 공판을 받을 권리가 있다."고 명시했다.

배심재판이나 참심재판 등의 문구를 헌법에 직접 특정하는 것보다는 우선 그 가능성을 열어 두는 방향으로 개정하고 자세한 내용은 법률로 보충하면 된다. 즉, 헌법 제27조 제1항의 '법관'을 '법원'으로 대체하고, 제101조 제1항을 "사법권은 법원에 속한다"로 수정한다면 배심원이나 참심원의 참여를 보장할 수 있다.

이렇게 헌법적 토대를 마련해 주면 국민참여재판이 위헌 논란에서 완전히 벗어나 사법의 민주화를 진전시키는 더욱 효과적인 장치로 정착할 수 있을 것이다.

헌법 개정을 위한 제안

현행 제27조, 제101조

제27조 [재판을 받을 권리, 형사피고인의 무죄 추정 등]
① 모든 국민은 헌법과 법률이 정한 법관에 의하여 법률에 의한 재판을 받을 권리
를 가진다.

제101조 [사법권·법원 조직·법관의 자격]
① 사법권은 법관으로 구성된 법원에 속한다.

개정 예시안

제27조
① 모든 국민은 헌법과 법률이 정한 법원에 의하여 법률에 의한 재판을 받을 권리
를 가진다.

제101조
① 사법권은 법원에 속한다.

군사법원에서 평시에 민간인이 재판을 받는다는 것은
헌법에 우선적으로 보장된 재판청구권을 본질적으로
침해한다는 비판이 높다. 민간인이 가해자, 군이 피해자가
되는 경우가 대부분인 군사재판의 성격상 공정한 재판이
이뤄지기 어렵다는 근본적 한계도 지적된다.

민간인에 대한 군사재판 금지

② 군인 또는 군무원이 아닌 국민은 대한민국의 영역 안에서는 중대한 군사상 기밀·초병·초소·유독음식물 공급·포로·군용물에 관한 죄중 법률이 정한 경우와 비상계엄이 선포된 경우를 제외하고는 군사법원의 재판을 받지 아니한다. 제27조 [재판을 받을 권리, 형사피고인의 무죄 추정 등]

④ 비상계엄하의 군사재판은 군인·군무원의 범죄나 군사에 관한 간첩죄의 경우와 초병·초소·유독음식물 공급·포로에 관한 죄 중 법률이 정한 경우에 한하여 단심으로 할 수 있다. 다만, 사형을 선고한 경우에는 그러하지 아니하다. 제110조 [군사재판]

헌법 제27조 제2항과 제110조 제4항은 평시에 군인이 아닌 민간인도 일정한 경우 군사법원에서 재판을 받도록 하는 법률을 제정할 권한을 입법자에게 부여했다. 이에 근거해 군형법과 군사법원법은 민간인에 대한 군사재판권 행사를 규정하고 있다. 구체적으로 군용물에 관한 죄(총포·탄약·폭발물 등의 군용물을 절도·강도·편취·강취하는 것), 초소침범죄(초병을 기망하여 초소를 통과하거나 혹은 초병의 제지에 불응하는 경우), 초병에 대한 죄(초병에 대해서 폭행·협박을 하거나 상해를 입히는 경우) 등이다.

군사법원 역시 헌법에 그 설치 근거(제110조 제1항)를 갖고 있다. 하지만 일반적인 국민의 재판청구권은 법관에게 재판 받을 권리를 의미하지만(제27조 제1항), 군사법원에서의 재판은 일반법원과 전혀 다르다.

군사법원법에 따라 군사법원 재판관은 국방부장관 또는 각 군 참모총장이 소속 군법무관 중에서 군판사를 임명해 구성하고, 사단급 이상 부대장은 이런 군판사들 중에서 2인, 자신의 소속 부하 중에서 일반 장교 1인을 선택해 총 3인으로 각 지역의 보통군사법원(일반 법원의 지방법원에 해당) 재판부를 구성하고 있다. 일선 군 지휘관이 법관 자격도 없는 부하 장교를 포함해 재판부를 마음대로 인선하고, 이 재판부에서 개별 피고인에게 선고한 형량에 대해서도 지휘관 판단에 따라 큰 폭으로 감경권을 행사할 수 있는 것이 현행 군사법원의 시스템이다.

이런 군사법원에서 평시에 민간인이 재판을 받는다는 것은 헌법에 우선적으로 보장된 재판청구권을 본질적으로 침해한다는 비판이 높다. 민간인이 가해자, 군이 피해자가 되는 경우가 대부분인 군사재판의 성격상 공정한 재판이 이뤄지기 어렵다는 근본적 한계도 지적된다.

헌법상 군사법원은 예외법원이고, 일반법원이 원칙법원이다. 그리고 민간인에 대한 예외적인 군사재판을 허용한 경우들, 가령 총기 등 군용물을 훔쳤다거나 초소를 무단으로 통과했다거나 초병을 때렸다거나 하는 죄를 전시의 비상상황도 아니고 평시에 군사법원이 아니면 심리할 수 없다는 것도 설득력이 없다. 고도의 법이론적 연구와 복잡다기한 실무 경험을 축적하고 있는 전문 법관들로 구성된 일반법원에서 얼마든지 다룰 수 있는 통상적인 수준의 범죄 혐의들이다.

심지어 제110조 제4항은 비상계엄시 민간인에 대해 군사법원이 재판권을 가질 뿐만 아니라 단심제도 가능하도록 규정하고 있다. 군사독재징권 시절 비상계엄의 무서운 폭압과 맞닿아 있는 이 조항은 국민의 재판청구권을 크게 제한하는 것이기 때문에 위헌 소지도 있다. 비상계엄이 권력자의 도구로 남용됐던 가까운 과거사에 비춰 보면 더욱 그렇다.

일반 국민은 어떠한 경우에도 군사법원 재판정에
피고로 들어가지 못하도록 하는 것이 헌법의 본정신에 맞다.
예외적인 군사재판 소관 사항을 굳이 열거할 필요 없이
일반법원에서 심리와 판결을 담당하면 된다.

결론적으로 군인·군무원이 아닌 국민에 대하여 평시에도 군사법원의 재판을 받을 수 있도록 하는 근거 조항을 두는 것은 법관에 의한 공정하고 독립적인 재판을 받을 권리를 침해하는 것이므로 제110조 제4항은 삭제하고 제27조 제2항은 수정해야 한다.

나아가 전시나 비상계엄시가 아닌 평시 군사법원은 폐지하는 방안을 적극 검토할 필요가 있다. 이 문제는 뒤에 나오는 '법원' 편에서 다시 다루기로 하자.

헌법 개정을 위한 제안

현행 제27조, 제110조

제27조 [재판을 받을 권리, 형사피고인의 무죄 추정 등]
② 군인 또는 군무원이 아닌 국민은 대한민국의 영역 안에서는 중대한 군사상 기밀·초병·초소·유독음식물 공급·포로·군용물에 관한 죄 중 법률이 정한 경우와 비상계엄이 선포된 경우를 제외하고는 군사법원의 재판을 받지 아니한다.

제110조 [군사재판]
④ 비상계엄하의 군사재판은 군인·군무원의 범죄나 군사에 관한 간첩죄의 경우와 초병·초소·유독음식물 공급·포로에 관한 죄 중 법률이 정한 경우에 한하여 단심으로 할 수 있다. 다만, 사형을 선고한 경우에는 그러하지 아니하다.

개정 예시안

제27조
② 군인 또는 군무원이 아닌 국민은 어떠한 경우에도 군사법원의 재판을 받지 아니한다.

제110조
④ 삭제

④ 형사피고인은 유죄의 판결이 확정될 때까지는 무죄로 추정된다. 제27조 [재판을 받을 권리, 형사피고인의 무죄 추정 등]

제12조 제4항의 국선변호인 조항과 마찬가지로 제27조 제4항에서 무죄 추정 대상을 '형사피고인'으로 한정한 것은 문제가 많다. 혐의만으로 처벌하려는 국가 사법권의 횡포 또는 오판을 차단하려는 데에서 시작된 무죄 추정 원칙의 역사적 배경을 고려하더라도 수사와 기소가 다 끝나 재판 대상이 된 피고인뿐만 아니라 한창 수사 대상이 된 피의자까지 그 대상에 포함시켜야 한다.

법원보다 훨씬 더 폭력성을 띨 수 있는 검경 수사의 표적이 되고, 나아가 체포 상태로 심신이 급격히 위축된 상태의 형사피의자야말로 무죄 추정 원칙에 따라 보호돼야 한다.

현실적으로 수사 단계에서 수사기관이나 온갖 언론의 부주의한, 또는 의도적인 혐의 노출로 피의자가 이미 범죄자로 확정되고 벌떼 같은 여론재판을 당해 법정에 서기도 전에 만신창이가 되는 경우가 얼마나 많은가.

노무현 전 대통령의 사례를 군이 상기하지 않더라도 피의자의 범죄 혐의를 거의 확정적으로 발표하고 이를 기정사실로 받아들이는 사회적 관행에 대해 법학자들이나 언론학자들이 이미 수없이 문제점을 지적해 왔다. 수사기관과 언론에 대해서는 물론 사회 전체적으로 피의자에 대한 무죄 추정 원칙을 환기시키기 위해 헌법 조항의 보완이 필요하다.

헌법 개정을 위한 제안

현행 제27조

제27조 [재판을 받을 권리, 형사피고인의 무죄 추정 등]
④ 형사피고인은 유죄의 판결이 확정될 때까지는 무죄로 추정된다.

개정 예시안

제27조
④ 형사피의자와 형사피고인은 유죄의 판결이 확정될 때까지는 무죄로 추정된다.

① 공무원의 직무상 불법행위로 손해를 받은 국민은 법률이 정하는 바에 의하여 국가 또는 공공단체에 정당한 배상을 청구할 수 있다. 이 경우 공무원 자신의 책임은 면제되지 아니한다. ② 군인·군무원·경찰공무원 기타 법률이 정하는 자가 전투·훈련 등 직무집행과 관련하여 받은 손해에 대하여는 법률이 정하는 보상 외에 국가 또는 공공단체에 공무원의 직무상 불법행위로 인한 배상은 청구할 수 없다. 제29조 [공무원의 불법행위와 배상책임]

제29조 제2항은 군인·경찰공무원이 직무와 관련해 손해를 입은 경우에는 법률이 따로 정한 보상을 받을 수 있을 뿐, 제1항의 국가배상 청구는 할 수 없다는 규정이다. 흔히 '군경 이중배상 금지' 규정이라 부른다. 원래 제헌헌법에는 없던 것을 박정희 정권이 유신헌법을 만들면서 삽입한 조항이다.

1960년대 정부는 미국이 일으킨 베트남 전쟁에 국군을 파견했다. 이후 부상 등 피해를 입은 참전용사들이 국가배상을 요구하는 소송을 잇달아 제기하자 박정희 정권은 국가 재정에 부담이 된다는 이유로 당시 「국가배상법」 제2조 제1항에 이중배상 금지 조항을 신설했다. 군인·군무원이었던 사람들이 베트남 전투 중에 입은 피해에 대해 국가가 정한 일정한 보상만 받고, 그 밖에 민사소송 등 다른 방식으로는 청구를 하지 못하도록 단서 조항을 만든 것이다.

그러자 「국가배상법」 조항의 위헌성이 크게 불거지면서 결국 1971년 대법원은 이 조항에 대해 평등권 침해 등을 이유로 위헌 결정을 내렸다. 여기서 박정희 정권의 놀라운 초헌법적 발상이 등장한다. 바로 다음 해인 1972년 유신헌법을 제정하면서 문제의 「국가배상법」 조항을 그대로 헌법에 집어넣은 것이다. 위헌 결정까지 받은 대표적 악법 조항을 하위 법률이 아니라 아예 헌법 자체에 규정함으로써 위헌 시비를 원천적으로 봉쇄한 것이다. 지금으로서는 상상하기도 어려운 군사독재 시절의 만행이었으나 이 조항을 지금까지 계속 방치돼 왔다.

단순히 예산 부담을 빌미로 국민의 기본적 청구권을 금지시키는 것은 현대 민주국가에서는 있을 수 없는 일이다. 오히려 군인·경찰 등은 국가 안보와 치안에 중요한 역할을 하는 이들이므로 업무의 위험성과 공적 희생에 대한 국가 보상을 보장함으로써 직무수행의 자부심을 강화할 수 있도록 조치하는 게 옳다.

그런 점에서 이 조항은 하루빨리 폐지돼야 한다.

헌법 개정을 위한 제안

현행 제29조

제29조 [공무원의 불법행위와 배상책임]
① 공무원의 직무상 불법행위로 손해를 받은 국민은 법률이 정하는 바에 의하여 국가 또는 공공단체에 정당한 배상을 청구할 수 있다. 이 경우 공무원 자신의 책임은 면제되지 아니한다.
② 군인·군무원·경찰공무원 기타 법률이 정하는 자가 전투·훈련 등 직무집행과 관련하여 받은 손해에 대하여는 법률이 정하는 보상 외에 국가 또는 공공단체에 공무원의 직무상 불법행위로 인한 배상은 청구할 수 없다.

개정 예시 안

제29조
공무원의 직무상 불법행위로 손해를 받은 국민은 법률이 정하는 바에 따라 국가 또는 공공단체에 정당한 배상을 청구할 수 있다. 이 경우 공무원 자신의 책임은 면제되지 아니한다.

각자가 생계 등의 이유로 일할 필요가 있어서 하고 싶으면
하는 것이고, 여러 사정으로 못 하거나 안 하고 싶으면
포기하는 것이지, 국가가 굳이 헌법을 통해 모든 국민에게
일괄적으로 노동의 의무를 부과할 법적 당위성이나
실효성을 찾기는 어렵다. 전체주의적 발상에 가깝다.

② 모든 국민은 근로의 의무를 진다. 국가는 근로의 의무
의 내용과 조건을 민주주의 원칙에 따라 법률로 정한다.
제32조 [근로할 권리 · 의무 등]

사유재산제를 토대로 한 자본주의 사회에서 국가가 국민에게 노동
을 강요할 수는 없다. 그것도 헌법에 명문화해 국민의 의무라고 규
정하는 건 우리 헌법의 자유민주주의적 본질을 감안할 때 생뚱맞기
까지 하다. 상당히 묘한 조항이다.

각자가 생계 등의 이유로 일할 필요가 있어서 하고 싶으면 하는 것
이고, 여러 사정으로 못 하거나 안 하고 싶으면 포기하는 것이지, 국
가가 굳이 헌법을 통해 모든 국민에게 일괄적으로 노동의 의무를 부
과할 법적 당위성이나 실효성을 찾기는 어렵다. 전체주의적 발상에
가깝다. 이는 헌법 제12조 제1항 '강제노역의 금지'에 비춰 봤을 때
도 그렇다.

근로의 의무는 소련 헌법에서 처음 시작한 것으로 일부 공산권 국가에서 명문화돼 있다. 가령 북한 헌법에 비슷한 조항이 있다. 조선민주주의인민공화국 사회주의 헌법은 제29조에서 "사회주의는 근로대중의 창조적 로동에 의하여 건설된다."고 선언하고 제83조에서 "로동은 공민의 신성한 의무이며 영예이다. 공민은 로동에 자각적으로 성실히 참가하며 로동규률과 로동시간을 엄격히 지켜야 한다."며 '로동의 신성한 의무'를 강제하고 있다.

일할 능력이 있음에도 불구하고 일하지 않는 국민을 윤리적으로 비난하자는 의미 이상의 현실적 해석이 불가능하다면 헌법에서 근로의 의무에 관한 규정은 아예 없애는 게 좋을 것이다.

아울러 '근로'라는 용어의 적합성에 대해서도 재검토할 필요가 있다. 근로는 말 그대로 '부지런히勤 일한다勞'는 뜻인데, 부지런히 일해야 노동으로 인정된다는 식의 의미 규정은 자의적 해석의 빌미를 주어 객관적 법률 용어로 적합하지 않다. 따라서 '노동'으로 바꿔야 한다.

나아가 '국방의 의무'와 '납세의 의무'를 제외한 나머지 국민의 의무는 헌법적 사항에 해당한다고 볼 수 없으므로 헌법에서 삭제하고 법률에서 해결하도록 하는 것이 맞다고 본다. 우리나라는 특별하게 제헌헌법부터 각종 국민의 의무 조항이 들어가 있었는데, 의무 조항을 헌법에 두는 입법례는 세계적으로 드물다. 통상 의무는 법률 유보에 의한 제한으로 다룬다. '근로의 의무'와 '교육의 의무' 등은 '국방의 의무'나 '납세의 의무'처럼 엄격하게 헌법상 의무로서 국민에게 부담 지울 성격이 아니다.

남녀의 고용조건 평등과 동일노동 동일임금 보장

④ 여자의 근로는 특별한 보호를 받으며, 고용·임금 및
근로조건에 있어서 부당한 차별을 받지 아니한다.

제32조 [근로할 권리·의무 등]

한국 사회에서 여성이 겪는 경제적 불평등은 세계 주요국 중 최악
의 수준이다. 이 역시 저출산 문제와 관련이 깊다. OECD 통계를 근
거로 2014년 국회 입법조사처에서 발표한 보고서에 따르면 한국은
OECD 주요 회원 25개국 가운데 성별 임금격차가 무려 39.0%로 압
도적인 1위를 차지했다. 28.7%로 2위를 차지한 일본과 10%포인트
이상 차이가 나는 수치다. OECD 회원국 평균 격차는 17.6%였다.

고용노동부의 조사에 따르면 2013년 기준 한국 여성의 임금은 남성
임금의 68.2%에 지나지 않는다. 비정규직 비율도 여성이 훨씬 높아
여성은 이중적·다층적 불이익을 받고 있다.

고용과 임금 문제에 상대적으로 가려져 있지만 승진에서의 불이익 또한 매우 심각하다. 국내 상장사의 여성 임원 비율은 중국보다도 낮은 수준이고, 그나마 여성 임원 대부분이 그룹 총수 일가 출신으로 내부 승진을 통해 임원이 된 경우는 거의 없다.

2014년 10월 한국기업지배구조원이 발표한 「국내 유가증권시장 상장기업의 여성 임원 현황」 보고서를 보면 상장기업의 전체 등기임원 수는 총 4561명인데, 그중 여성 임원은 단 85명으로 비율이 고작 1.9%이다. 상장기업 694개사 가운데 여성 등기임원이 있는 기업은 11.2%인 78개사이고, 기업당 평균 1.08명이 근무 중이다. 두 명이 넘는 여성 임원을 보유한 회사는 단 한 곳도 없었다.

여성 등기임원 가운데 사내이사는 80.0%인 68명이고, 이중 지배주주 일가가 54명으로 79.4%를 차지했다. 결국 여성 사내 등기임원은 대부분 총수와 혈연 관계에 있는 인물들로, 내부 승진을 통해 이사회 구성원으로 활동하고 있는 여성은 매우 드물다는 것을 알 수 있다. 상장 계열사를 갖고 있는 49개 그룹(대규모 기업집단) 가운데 79.6%인 39개 그룹은 그나마 여성 임원이 단 한 명도 없었다. 현대자동차와 한화, 효성, 신세계, CJ, GS, 코오롱 등은 조사 당시 상장 계열사 여성 임원 비율이 0%였다. 세계 주요 국가의 상장사 여성 임원 비율을 보면 프랑스 18.3%, 독일 14.1%, 미국 14.0%이며, 중국도 8.4%로 한국보다 훨씬 높다.

이 같은 여성 경제활동에 대한 총체적 차별을 시정하기 위해서 헌법 제32조 제4항을 보완할 필요성이 있다. 현행 조문은 "여자의 근로는 특별한 보호를 받으며…"라고 돼 있지만, 실제로는 전혀 특별한 보호를 이끌어내지 못하기 때문이다.

따라서 실질적인 사회·경제적 변화를 견인할 수 있도록 헌법에 '동일노동동일임금'의 원칙을 제시하고 차별금지 사항에 '승진'을 추가하는 방안을 적극 검토하는 것이 필요하다.

헌법 개정을 위한 제안

현행 제32조

제32조 [근로할 권리·의무 등]
④ 여자의 근로는 특별한 보호를 받으며, 고용·임금 및 근로조건에 있어서 부당한 차별을 받지 아니한다.

개정 예시안

제32조
④ 남녀는 고용·승진 및 근로조건에 있어서 부당한 차별을 받지 아니하며, 동일 가치의 근로에 관하여 동일한 임금을 받을 권리를 가진다.

단체행동권은 단체교섭을 위하여 반드시 필요한 수단이고,
단체행동권을 행사하는 데에는 파업 외에도 다양한 방법들이
있기 때문에 이를 전면 금지하는 것은 문제가 있다.

① 근로자는 근로조건의 향상을 위하여 자주적인 단결권·단체교섭권 및 단체행동권을 가진다. ②공무원인 근로자는 법률이 정하는 자에 한하여 단결권·단체교섭권 및 단체행동권을 가진다. ③법률이 정하는 주요 방위산업체에 종사하는 근로자의 단체행동권은 법률이 정하는 바에 의하여 이를 제한하거나 인정하지 아니할 수 있다.

제33조 [근로자의 단결권 등]

제33조는 노동자의 단결권·단체교섭권 및 단체행동권 등 노동권을 보장하면서 예외적으로 공무원에 대해서는 이를 제한하고 있다. 하위 법률인 「공무원의 노동조합 설립 및 운영에 관한 법률」은 노동조합에 가입할 수 있는 공무원의 범위를 한정하고 쟁의 행위는 일절 금지했다. 헌법 제33조에 따른 당연히 귀결이다. 그러나 노동3권은 근로조건의 향상을 위하여 국민의 기본권으로 인정되는 것인 만큼 공무원도 예외일 수 없다.

대한민국 공무원 규모는 100만 명을 넘는다. 2014년 1월 안전행정부가 발표한 「2013년 공무원 총조사」에 따르면 헌법기관을 포함한 국가 및 지방 공무원 현원은 총 100만 6474명이다. 이들 모두에 대해 일괄적으로 노동자의 기본 권리인 단체행동권을 박탈하고 단결권과 단체교섭권은 제한적으로 인정한다는 건 시대착오적이다.

따라서 '법률이 정하는 자에 한하여' 노동3권을 인정할 것이 아니라 원칙적으로 모든 공무원에 대하여 노동3권을 인정하되, 고위공직자나 특수직역 근무자 등 직무의 공공적 책임이 사적 권리보다 명백히 요구되는 경우에 한하여 예외적으로 제한하는 것으로 개정해야 한다.

그리고 헌법에서 굳이 그 내용을 규율할 필요도 없고 적절치도 않기 때문에 구체적 조건은 법률에 위임함으로써 입법부가 여러 사회적 변화 등에 따라 탄력적으로 대응할 수 있도록 하는 게 바람직하다.

공무원도 아닌, 주요 방위산업체에 종사하는 일반 노동자도 마찬가지다. 헌법은 "주요 방위산업체에 종사하는 근로자의 단체행동권은 법률이 정하는 바에 의하여 이를 제한하거나 인정하지 아니할 수 있다."고 규정함으로써 이들의 단체행동권이 전면 금지될 수 있도록 했다.

그러나 단체행동권은 단체교섭을 위하여 반드시 필요한 수단이고, 단체행동권을 행사하는 데에는 파업 외에도 다양한 방법들이 있기 때문에 이를 전면 금지하는 것은 문제가 있다. 그런 점에서 제33조 제2항과 제3항은 삭제해야 한다.

현행 제33조

제33조 [근로자의 단결권 등]
① 근로자는 근로조건의 향상을 위하여 자주적인 단결권·단체교섭권 및 단체행동
권을 가진다.
② 공무원인 근로자는 법률이 정하는 자에 한하여 단결권·단체교섭권 및 단체행
동권을 가진다.
③ 법률이 정하는 주요 방위산업체에 종사하는 근로자의 단체행동권은 법률이
정하는 바에 의하여 이를 제한하거나 인정하지 아니할 수 있다.

개정 예시안

제33조
근로자는 근로조건의 향상을 위하여 자주적인 단결권·단체교섭권 및 단체행동권
을 가진다.

신체장애인을 단지 생활보호 대상자로 취급하는 접근은
장애인의 다양한 복지 수요를 충족시키지 못한다. 장애인을
보호의 대상으로만 규정하는 것은 '정상화'와 '사회통합'이라는
장애인 정책의 새로운 패러다임에도 역행한다.

① 모든 국민은 인간다운 생활을 할 권리를 가진다. ② 국가는 사회보장·사회복지의 증진에 노력할 의무를 진다. ③ 국가는 여자의 복지와 권익의 향상을 위하여 노력하여야 한다. ④ 국가는 노인과 청소년의 복지 향상을 위한 정책을 실시할 의무를 진다. ⑤ 신체장애자 및 질병·노령 기타의 사유로 생활능력이 없는 국민은 법률이 정하는 바에 의하여 국가의 보호를 받는다. ⑥ 국가는 재해를 예방하고 그 위험으로부터 국민을 보호하기 위하여 노력하여야 한다.   제34조 [사회보장 등]

장애인과 관련해 평등권과는 별개로 제34조 제5항에 "신체장애자 및 질병·노령 기타의 사유로 생활능력이 없는 국민은 법률이 정하는 바에 의하여 국가의 보호를 받는다."는 생활보호대상자 규정이 있다. 이 조항도 손질이 필요하다.

우선 '장애자'는 장애인을 비하하는 의미를 담고 있어 부적절하다. 특히 신체장애인 전부를 '질병·노령 기타의 사유로 생활능력이 없는 국민'과 동일선상에서 거론하는 것은 문제가 많다. 이 조항에서의 '보호'는 사회부조로서의 생활보호를 의미하는데, 생활무능력 사유의 하나로 '장애'를 예시하는 것이 아니라 생활무능력과는 상관없이 '신체장애자' 전부를 생활보호대상자로 지목하는 방식을 취하고 있다. 이는 개별 상황을 고려하지 않은 채 장애인을 일률적으로 생활무능력자와 동일시하는 편견을 내포한다. 결국 모든 장애인을 동등한 사회구성원이 아닌 '비정상적인 생활무능력자'로 범주화하는 것이기 때문에 합당하지 않다.

아울러 신체장애인을 단지 생활보호대상자로 취급하는 접근은 장애인의 다양한 복지 수요를 충족시키지 못한다. 앞서 평등권 조항에서 논한 대로 장애인을 보호의 대상으로만 규정하는 것은 '정상화'와 '사회통합'이라는 장애인 정책의 새로운 패러다임에도 역행한다.

따라서 제34조 제5항을 "국가는 장애인의 복지와 권익의 향상을 위한 정책을 실시할 의무를 진다."는 식으로 개정하는 것이 좋다. 이는 제3항 "국가는 여자의 복지와 권익의 향상을 위하여 노력하여야 한다."와 제4항 "국가는 노인과 청소년의 복지향상을 위한 정책을 실시할 의무를 진다."와 동등한 방식으로 별도 조항을 만든 것이다.

이 경우 현행 제5항의 생활무능력자 보호 규정은 "질병·장애·노령 기타의 사유로 생활능력이 없는 국민은 법률이 정하는 바에 의하여 국가의 보호를 받는다."고 따로 분리해 국가의 사회보장 의무를 규정한 제2항의 제2문으로 이동시키면 적절해 보인다. 생활무능력자 사유에 미성년·실업·재해 등의 현실적이고 일반적인 사유들을 추가해 생활보호 범위를 좀 더 명확하게 하는 방안도 검토할 만하다.

장애인에 대한 논의와는 다소 비껴나지만, 제1항이 기본권에 관한 매우 중요한 선언인데도 내용이 너무 추상적이고 구속력이 없다며 "국가는 이를 보장하기 위한 재원 확보의 의무를 진다."는 제2문을 추가하자는 견해*도 있다. 일리가 있는 제안이다.

헌법 개정을 위한 제안

현행 제34조

제34조 [사회보장 등]
① 모든 국민은 인간다운 생활을 할 권리를 가진다.
② 국가는 사회보장·사회복지의 증진에 노력할 의무를 진다.
③ 국가는 여자의 복지와 권익의 향상을 위하여 노력하여야 한다.
④ 국가는 노인과 청소년의 복지 향상을 위한 정책을 실시할 의무를 진다.
⑤ 신체장애자 및 질병·노령 기타의 사유로 생활능력이 없는 국민은 법률이 정하는 바에 의하여 국가의 보호를 받는다.
⑥ 국가는 재해를 예방하고 그 위험으로부터 국민을 보호하기 위하여 노력하여야 한다.

개정 예시안

제34조
① 모든 국민은 인간다운 생활을 할 권리를 가진다. 국가는 이를 보장하기 위한 재원 확보의 의무를 진다.
② 국가는 사회보장·사회복지의 증진에 노력할 의무를 진다. 질병·장애·노령·미성년·실업·재해 기타의 사유로 생활능력이 없는 국민은 법률이 정하는 바에 의하여 국가의 보호를 받는다.
③ 국가는 여자의 복지와 권익의 향상을 위하여 노력하여야 한다.
④ 국가는 노인과 청소년의 복지 향상을 위한 정책을 실시할 의무를 진다.
⑤ 국가는 장애인의 복지와 권익 향상을 위한 정책을 실시할 의무를 진다.
⑥ 국가는 재해를 예방하고 그 위험으로부터 국민을 보호하기 위하여 노력하여야 한다.

---

* 한 예로 임지봉 서강대 교수는 한 좌담회에서 "사회적 기본권에 관한 규정 중 기본 이념이라고 할 수 있는 헌법 제34조 1항은 '모든 국민은 인간다운 생활을 할 권리를 가지고 있다'는 내용이 전부다. 여기에 '국회는 인간다운 생활을 할 권리를 보장하기 위한 재원 확보의 의무를 진다'는 내용을 추가함으로써 선언적 조항에 머물러 있는 사회적 기본권에 관한 조항들을 현실화시킬 필요가 있다."고 주장했다.

OECD 회원국 가운데 아동 삶의 만족도가 가장 높은 국가는
네덜란드로 94.2점이었으니, 네덜란드가 '수'라면 꼴찌인
우리나라는 '양'에 겨우 턱걸이한 수준이다. 한국보다 한 단계
위인 루마니아도 76.6점으로 16점 이상 차이가 난다.

요즘 한국 사회에서 아동 인권에 대한 관심은 최고조에 달한 것으로 보인다. 그만큼 아동 학대가 만연해 있고 부모들은 불안에 떨고 있다. 인천 어린이집 아동 폭행 사건이 엄청난 충격과 파장을 낳은 데 이어 많은 어린이집에서의 아동 학대가 하루가 멀다 하고 폭로되는 실정이다. 급기야 서울시는 국공립·민간·가정 어린이집 원장과 보육교사 1900명을 대상으로 '아동권리 인식 향상 교육'에 나섰다.

아동을 상대로 한 범죄는 날로 늘고 흉포화하는 추세다. 경찰청 자료에 따르면 13세 미만 아동 대상 범죄는 2011년 7508건에서 2012년 1만 4416건으로 두 배 가까이 급증했다. 이중 폭력 범죄가 전체의 15%로 가장 많았다. 아동 상대 성범죄는 2013년 총 929건, 하루

2.5건 꼴로 발생했다. 이는 지난해 819건에서 13.4% 증가한 것이다. 범죄 유형별로 보면 강제추행이 708건으로 가장 많았고, 강간·간음 (미성년자의제강간죄)이 115건, 기타 성범죄가 106건이었다.

범죄율 외에도 아동의 기본권이 얼마나 만성적으로 침해되고 있으며 일상적인 아동의 삶이 얼마나 불안한지는 여러 지표로 확인된다. 예컨대 한국 아동의 삶의 만족도는 OECD 최하위다. 2014년 11월 보건복지부가 발표한 「2013년 한국 아동 종합실태」에 따르면 한국 아동의 '삶의 만족도'는 100점 만점에 60.3점으로 나타났다. OECD 회원국 가운데 아동 삶의 만족도가 가장 높은 국가는 네덜란드로 94.2점이었으니, 네덜란드가 '수'라면 꼴찌인 우리나라는 '양'에 겨우 턱걸이한 수준이다. 한국보다 한 단계 위인 루마니아도 76.6점으로 16점 이상 차이가 났다.

삶의 만족도는 아동이 자신의 삶을 어떤 수준으로 인지하는지를 11개 구간 내에서 측정하는 세계보건기구WHO의 국제 척도다. 정부는 전국 18세 미만 아동을 양육하는 4000여 가구를 대상으로 이 조사를 실시했다. 또 다른 척도인 '아동결핍지수'에서도 우리나라는 54.8%를 기록해 OECD 국가 가운데 가장 높았다. 두 번째로 높은 헝가리(31.9%)와도 큰 차이를 보였다.

아동이 왜 이렇게 삶의 만족도가 떨어지고 결핍 속에 살아가는지는 긴 설명이 필요치 않다. 한국의 성인 모두가 아는 현실이다. 주택가 골목, 아파트 단지 내, 등·하굣길에서 아동의 안전은 심각하게 위협받고 있고 어린 나이 때부터 집과 학원에서 과도한 학습의 압박에 시달리고 있다. 초록우산어린이재단이 2014년 8월 공개한 보고서를 보면 초등학생 92.7%가 사교육을 받고 있으며, 일주일간 공부 시간은 평균 42.2시간, 수면 시간은 6시간 43분인 것으로 나타났다. 이런 아동 현실과 관련해서는 이미 1989년 유엔총회에서 채택돼 최근까지 세계 192개국의 비준을 받음으로써 전 세계적으로 가장 많은 국가의 비준을 받은 유엔아동권리협약을 참고할 필요가 있다. 이 협약은 아동에 대해 크게 생존의 권리, 보호의 권리, 발달의 권리, 참여의 권리를 규정함으로써 아동이 적절하고 안전한 환경에서 충분한 교육과 놀이와 문화생활을 영위하며 인격과 능력을 최대한 발달시켜야 함을 강조한다.

현행 헌법에는 아동의 보호나 권리 증진·복지 향상에 대한 내용이 없거나 희미하다. 제32조 제5항에 "연소자의 근로는 특별한 보호를 받는다."는 막연한 명제가 있을 뿐이다. 아동의 기본권을 구체적으로 제시하고 국가의 보호 의무를 규정하는 조항의 신설이 절실하고도 시급하다.

외국의 입법례를 보면, 가령 스위스 헌법 제11조는 "①아동과 청소년은 특히 온전하게 보호받고 그 성장 발달을 지원받을 권리를 가진다. ②아동과 청소년은 자신들의 판단력의 범위 안에서 그들의 권리를 행사한다."고 밝혀 아동 및 청소년들에게 보장해야 할 기본권을 명문화했다.

현행 제34조 제4항의 "국가는 노인과 청소년의 복지향상을 위한 정책을 실시할 의무를 진다."를 간략하게 손봐서 "국가는 노인·청소년과 아동의 복지향상을 위한 정책을 실시할 의무를 진다."로 수정하자는 의견도 있지만, 그 정도로는 별 의미를 부각시키지 못하고 사회적 효과도 미미할 것으로 예상된다. 아동의 기본권을 별도로 나열하는 조항을 신설해야 한다.

특히 아동 상대 범죄에 대해 강력한 경종을 울리기 위해 공소시효를 배제하고 가중 처벌한다는 내용을 포함할 필요가 있다. 종전 25년 이던 살인죄 공소시효를 폐지하는 내용의 형사소송법 개정안, 일명 '태완이법'이 국회 본회의를 통과했는데, 그 취지를 확장해 모든 아동 상대 범죄에 대해서도 공소시효를 적용하지 않는다는 헌법적 의지를 단호히 보일 경우 여론의 반향이 상당할 것으로 예상된다.

이처럼 아동의 권리에 대해 비교적 상세한 규정을 두는 것은 자라나는 미래세대에 대해 기성세대와 헌법이 특별한 관심을 기울인다는 징표여서 의미가 작지 않다. 아동 인권 조항의 신설 예시는 김귀순 국회 여성가족위원회 수석전문위원의 논문*을 인용했다.

헌법 개정을 위한 제안

개정 예시안(신설)

① 모든 아동이 권리의 대상이 아닌 권리의 주체로서 아동의 생존·보호·발달·참여의 권리를 국가가 보장해 주어야 한다.
② 아동에 대한 모든 범죄는 가중 처벌되며 공소시효는 적용되지 아니한다.
③ 모든 아동은 어떠한 경우에도 본인의 의사에 반해 부모로부터 격리되거나 학대·방치되어서는 안 된다.
④ 모든 아동의 비자발적 노동은 금지되어야 하고, 자발적 노동은 노동 조건과 임금 면에서 특별히 보호받아야 한다.

---

*   김귀순, 「성평등 지속가능한 사회를 위한 한국 헌법 기본권 개정 방향」, 「국민과 함께하는 개헌 이야기」 1권, 국회 미래한국헌법연구회, 2010, 903쪽.

① 모든 국민은 건강하고 쾌적한 환경에서 생활할 권리를 가지며, 국가와 국민은 환경보전을 위하여 노력하여야 한다. ② 환경권의 내용과 행사에 관하여는 법률로 정한다. ③ 국가는 주택개발정책 등을 통하여 모든 국민이 쾌적한 주거생활을 할 수 있도록 노력하여야 한다.

제35조 [환경권]

환경권을 우리나라처럼 헌법 차원에서 명문화한 입법례는 그리 흔치 않다. 대단히 진취적인 작업이었다고 평가할 수 있다. 현재 환경보호를 규정한 헌법례로는 그리스·인도·스위스·이란·태국 헌법 정도가 있다.

그런데 우리 헌법이 "건강하고 쾌적한 환경에서 생활할 권리"라고 규정한 것은 자연환경 외에 사회·문화적 환경까지 동시에 염두에 둔 것으로 보인다. 그 취지를 이해할 수는 있으나, 이렇게 용어나 범위가 다의성을 띠면 기본권 체계에 혼란을 야기할 수 있다는 게 헌법학계의 중론이다. 환경권이 다른 기본권(예컨대 '인간으로서의 존엄과 가치', '행복을 추구할 권리', '인간다운 생활을 할 권리' 등)과의 관계에서 포괄적이거나 총합적인 성격을 갖는 기본권으로 범위가 넓어질수록, 역으로 다른 기본권의 보장 의미는 축소될 수밖에 없다.

따라서 환경보전의 대상이 주로 자연환경이라는 점을 감안해 '자연환경'으로 제한하는 게 바람직하다. 그 밖의 사회·문화적 환경과 관련된 권리는 환경권이 아니라 다른 기본권의 보장 및 강화를 통해 실현하면 될 것이다. 같은 맥락에서 바로 앞 조문인 제34조의 "인간다운 생활을 할 권리"와 혼동을 일으키지 않도록 "생활할"을 "향유할"로 바꾸는 것이 좋을 듯하다.

국민의 환경권과 국가의 환경보전 노력 의무를 한 문장에서 대등하게 규정한 것은 더욱 문제다. 국민의 환경에 관한 권리와 의무를 동시에 규정함으로써 환경권의 권리성을 약화시킬 개연성이 농후하기 때문이다.

나아가 국민의 환경보전 노력 의무는 환경권의 '불가결한 대응 의무'가 아니라 국가의 환경보전 의무 이행을 위한 정책을 수용하거나 협력하는 일반적인 의무로서, 국가의 의무와는 별개이다. 환경권은 사회권적 성격이 강한 만큼 그 보장성을 강화하기 위해 헌법에 국가의 의무를 부과하는 것은 필요하다. 국가에 직접 의무를 부과하면 국민 권리의 구체적인 실현이 훨씬 용이해진다.

따라서 환경권 규정으로부터 국가의 환경보전 의무 규정을 분리하고, 국민의 환경보전 의무는 삭제하는 게 바람직하다. 아울러 국가의 환경보전 의무에 대해서는 막연히 "노력하여야 한나"라고만 기술할 게 아니라 실질적인 원칙(이를테면 '지속가능한 발전')을 삽입해 규정하는 방안을 검토할 필요가 있다.

특히 제3항 "국가는 주택개발정책 등을 통하여 모든 국민이 쾌적한 주거생활을 할 수 있도록 노력하여야 한다."는 규정은 앞의 제1, 2항과는 상당히 이질적인 내용이다. 이 대목은 환경정책과 사회보장정책을 혼동한 데 기인한 것으로 보인다. 전통적으로 주택 문제는 사회보장정책의 주요 대상이기 때문이다. 게다가 주택개발정책은 경우에 따라 환경보전과 완전히 배치될 수도 있다. 쾌적한 주거생활이라는 국가 목표를 달성하기 위한 수단으로 예시된 주택개발정책은 환경보전의 방법이 아니라 자연환경 훼손의 원인으로 작용할 수 있다는 점에서 어불성설이다.

친환경 주택을 건설해야 한다는 취지가 아닌 바에야 다른 사회적 기본권 조항에 배치하는 것이 어울린다. 우리나라의 주택 사정을 고려할 때 제3항 같은 내용의 규정은 필요하지만, 그 위치는 환경권을 규정한 제35조가 아니라 사회보장·사회복지증진 규정인 제34조 맨 마지막 항으로 옮기는 게 자연스럽다.

이때 "정부와 지방자치단체는 최저주거기준을 설정하고 주택종합계획을 수립해 최저주거기준에 미달하는 주택에 거주하는 국민들의 주거환경을 개선하여야 한다."는 내용을 더한다면 주거권의 의미를 더욱 풍부하게 만들 수 있다.

앞서 장애인 복지 향상을 위한 조항 신설에서 거론했던 내용과 함께 제34조와 제35조를 정리하면 다음과 같다.

헌법 개정을 위한 제안

현행 제35조

제35조 [환경권]
① 모든 국민은 건강하고 쾌적한 환경에서 생활할 권리를 가지며, 국가와 국민은 환경보전을 위하여 노력하여야 한다.
② 환경권의 내용과 행사에 관하여는 법률로 정한다.
③ 국가는 주택개발정책 등을 통하여 모든 국민이 쾌적한 주거생활을 할 수 있도록 노력하여야 한다.

개정 예시안

제34조
⑦ 국가는 주택개발정책 등을 통하여 모든 국민이 쾌적한 주거생활을 할 수 있도록 노력하여야 한다. 정부와 지방자치단체는 최저주거기준을 설정하고 주택종합계획을 수립해 최저주거기준에 미달하는 주택에 거주하는 국민들의 주거환경을 개선하여야 한다.

제35조
① 모든 국민은 깨끗한 자연환경을 향유할 권리를 가지며, 그 내용은 법률로 정한다.
② 국가는 환경의 지속가능한 보전과 개발을 위하여 노력하여야 한다.

저출산 해소를 위한 모성 보호의 강화

① 혼인과 가족생활은 개인의 존엄과 양성의 평등을 기초로 성립되고 유지되어야 하며, 국가는 이를 보장한다. ② 국가는 모성의 보호를 위하여 노력하여야 한다. ③ 모든 국민은 보건에 관하여 국가의 보호를 받는다.

제36조 [혼인과 가족생활, 모성 보호, 국민 보건]

IMF 이후 발생한 또 다른 대표적 현상 중 하나가 '아이 낳지 않는 사회'로의 전락이다. 심각한 저출산 사회로 돌입한 우리나라는 2004년부터 줄곧 OECD 31개국 중 출산율 꼴찌 또는 최하위 수준에 머무르고 있다. 2014년 한국의 출산율은 여전히 전 세계에서 최하위권이고, 인구 1000명당 출생아 수를 나타내는 조粗출생률도 바닥권이다.

아이 낳는 것을 꺼리는 광범위한 현상은 곧 '아이 키우기 가장 힘든 나라'임을 반증한다. 여성의 사회 진출이 일반화했음에도 결혼 뒤 육아 부담이 너무 커서 출산 기피 현상이 갈수록 심화하고 있다. 출산율은 단순히 한 가정에서 자율적으로 아이를 더 낳고 덜 낳고 하는 문제가 아니라 한 국가의 지속 가능한 발전 여부를 좌우할 수도 있는 중요한 미래 지표이다.

이런 관점에서 본다면 제36조 제2항의 '모성 보호' 개념은 너무 막연하다. 국가적으로 매우 중차대한 과제인 저출산 시대를 맞아 모성 보호의 내용과 국가의 의무를 구체화할 필요가 있다. 현재의 추상적인 문구에서는 출산 장려나 출산 여성의 근로 보장 등에 관한 정부 정책의 근거를 찾기가 어렵다.

따라서 여성들이 임신·출산·양육을 이유로 사회에서 불이익한 처우를 받지 않도록 하고 국가가 이를 보장하는 근거 조항으로 개선해야 한다. 아울러 여성이 아이를 키우고 집안일을 하면서 직장 생활 등 적절한 노동 활동도 병행할 수 있도록 국가가 지원한다는 내용을 담으면 더욱 실질적인 조항이 될 수 있다.

서구 사회에서는 출산 여성이 양육과 일을 병행할 수 있도록 파트타임 근무 등이 보장되어 있다. 뿐만 아니라 이러한 파트타임 근무가 이후 풀타임 근무로 복귀했을 때 인사상의 불이익으로 연결되지 않도록 하는 시스템이 다양하게 도입돼 있다.

그러나 우리나라는 비교적 단기간의 육아휴직 제도 이외에는 출산 여성의 직장 참여 및 경력 단절 금지를 보장하는 제도가 부족해 저출산 문제의 주요 원인으로 작용하고 있다. 헌법에서 진보적인 모성 보호의 내용을 선언해 사회·경제적 변화를 추동할 필요가 있다. 나아가 자녀 양육 및 가사에 남성이 함께 참여할 수 있도록 모성과 함께 부성 보호도 규정하는 내용이 바람직할 것으로 보인다. 양육과 근로 활동이 제대로 양립하려면 남녀의 평등한 인식과 동등한 참여가 이뤄져야 한다. 뿌리 깊은 유교사회의 영향으로 가부장적 사고와 관행이 아직도 가정과 직장에서 광범위하게 통용되고, 특히 가사및 육아는 여성에게만 한정된 의무라는 인식이 강한 탓에 여성이 출산을 주저하는 큰 이유가 되고 있다.

이 같은 인식을 지양하고 해소하는 차원에서 부성의 보호를 강조하는 한편, 남성 또한 육아로 인해 사회적 불이익을 받지 않고 가사와노동을 병행할 수 있도록 국가의 지원을 헌법이 보장하는 쪽으로 방향을 잡아야 한다.

외국 입법례 중 유럽연합 헌법은 제93조 제2항에서 "가족생활과 직업생활과의 조화를 위해 모든 사람은 임신으로 인한 해고로부터 보호될 권리와 유급 임신·출산휴가와 출산 또는 입양 후에 육아휴가를 취득할 권리를 가진다."고 밝히고 있다.

독일 헌법 제6조는 다음과 같이 '부모의 권리와 의무'라는 표현으로모성과 부성을 동시에 강조하고 사생아에 대한 평등권까지 법률로보장할 것을 제시하고 있다.

① 혼인과 가족은 국가질서의 특별한 보호를 받는다.
② 자녀의 양육과 교육은 부모의 자연적 권리이며, 그들에게 일차적으로 부과된
   의무이다. 국가공동체는 그들의 활동에 대하여 감독한다.
④ 어머니는 누구든지 공동체의 보호와 배려를 청구할 권리를 가진다.
⑤ 사생아에 대하여는 입법에 의하여 그 육체적·정신적 성장과 사회적 지위에
   관하여 적출자와 동일한 조건을 마련하여야 한다.

독일 헌법을 참조해 좀 더 세심하게 검토한다면, 우리 헌법에도 미혼모에 대한 문구를 삽입할 필요가 있다. 미국의 미혼모는 2%, 한국의 미혼모는 70%가 양육을 포기한다는 통계는 사회적 인식 수준의

차이를 극명하게 드러낸다. 해외 입양아 송출국이란 불명예를 거두기 위해서도 미혼모에 대한 편견을 없애고 미혼모가 양육을 포기하거나 빈곤의 나락으로 떨어지지 않도록 국가의 특별한 보호를 간결하게나마 명시하는 게 바람직하다. 이는 곧 저출산 대책과도 직결된다. 미혼부 보호 또한 부성 보호와 같은 맥락에서 대등하게 열거하는 게 좋겠다.

헌법 개정을 위한 제안

현행 제36조

제36조 [혼인과 가족생활, 모성 보호, 국민 보건]
① 혼인과 가족생활은 개인의 존엄과 양성의 평등을 기초로 성립되고 유지되어야 하며, 국가는 이를 보장한다.
② 국가는 모성의 보호를 위하여 노력하여야 한다.
③ 모든 국민은 보건에 관하여 국가의 보호를 받는다.

개정 예시안

제36조
① 혼인과 가족생활은 개인의 존엄과 양성의 평등을 기초로 성립되고 유지되어야 하며, 국가는 이를 보장한다.
② 국가는 모성과 부성의 보호를 위하여 노력하여야 한다. 누구든지 임신·출산·양육을 이유로 불이익한 처우를 받지 아니한다. 국가는 임신·출산·양육을 보호하고, 남녀에게 가사와 근로 생활의 양립이 가능하도록 지원하여야 한다. 미혼모와 미혼부는 특별한 보호를 받는다.
③ 모든 국민은 보건에 관하여 국가의 보호를 받는다.

기본권 제한 사유의 축소

② 국민의 모든 자유와 권리는 국가안전보장·질서유지 또는 공공복리를 위하여 필요한 경우에 한하여 법률로써 제한할 수 있으며, 제한하는 경우에도 자유와 권리의 본질적인 내용을 침해할 수 없다.

제37조 [국민의 자유와 권리 존중·제한]

국민의 기본권 보장은 헌법이 추구하는 본질적 가치이지만, 헌법은 그 제한에 대해서도 규정하고 있다. 기본권을 제한하는 방식에는 두 가지가 있다. 헌법에 의한 제한을 '헌법유보', 법률에 의한 제한을 '법률유보'라고 한다. 헌법에 어떤 기본권을 제한할 수 있다는 구체적인 유보 규정이 없더라도 모든 기본권은 제한할 수 있다. 바로 제 37조 제2항에 근거해서다. 그래서 이 조항을 '일반유보' 조항이라고 한다. 대신 법률로써만 할 수 있다는 단서가 있다. 따라서 법률유보 조항이라고도 한다.

헌법유보이든 법률유보이든, 국민의 본질적인 권리인 기본권을 제한하기 위해서는 근거와 목적이 분명해야 하는데, 현행 헌법에 나열된 제한 사유는 지나치게 포괄적이고 애매모호하기 짝이 없다. 무엇이 '국가안전보장' '질서유지' '공공복리'를 위한 것인지 정부에 따라, 집행자에 따라 자의적으로 해석될 소지가 다분하다.

법률로 제한할 수 있다는 단서가 있다 하더라도 정권의 성격에 따라 과잉금지 원칙을 위협하는 입법과 적용을 남발하게끔 빌미로 작용할 수 있다. 특히 '국가안전보상'은 '질서유지'에 포섭될 수 있는 내용이고, 권위주의 시대에 무수히 악용됐던 개념이라는 측면에서도 삭제하는 게 바람직해 보인다. 전체적으로 명확하고 보편적인 헌법적 가치인 '공동체의 안정, 타인의 자유와 권리 보호' 등으로 대체하는 방안을 검토할 필요가 있다.

헌법 개정을 위한 제안

현행 제37조

제37조 [국민의 자유와 권리 존중 · 제한]
② 국민의 모든 자유와 권리는 국가안전보장·질서유지 또는 공공복리를 위하여 필요한 경우에 한하여 법률로써 제한할 수 있으며, 제한하는 경우에도 자유와 권리의 본질적인 내용을 침해할 수 없다.

개정 예시 안

제37조
② 국민의 모든 자유와 권리는 공동체의 안정, 타인의 자유와 권리 보호를 위하여 필요한 경우에 한하여 법률로써 제한할 수 있으며, 제한하는 경우에도 자유와 권리의 본질적인 내용을 침해할 수 없다.

양심적 병역거부 인정 및 대체복무제 도입

①모든 국민은 법률이 정하는 바에 의하여 국방의 의무
를 진다. 제39조 [국방의 의무]

헌법 제19조에는 '양심의 자유'가 규정돼 있다. 양심의 자유란 어떤
일의 옳고 그름을 판단해서 자기가 옳다고 생각하는 바를 실천하고,
그르다고 생각하는 바는 행하지 않을 자유라고 정의할 수 있다. 사
람에 따라 옳다고 믿는 내용이 다를 수 있지만, 그럼에도 불구하고
개개인의 양심을 모두 인정하고 보장하는 게 헌법의 정신이다.

헌법은 또 제39조 제1항에 '국방의 의무'를 명시하고 있다. 모든 국
민(현실적으로는 남재)은 군복무를 해야 한다는 것 또한 헌법의 정신이다.
헌법에서 규정한 양심의 자유와 국방의 의무가 첨예하게 충돌하는
지점이 바로 양심적 병역거부 문제다. 우리 사회의 대표적인 '장기
미제'이기도 하다.

결론부터 말한다면, 대체복무제를 도입해 국가가 양심적 병역거부자들을 끊임없이 징역형에 처하고 전과자를 양산하는 행태를 더 이상 지속하지 않도록 하루빨리 헌법 개정이 이뤄져야 한다는 것이다. 법원의 1심 판결에서 양심적 병역거부 행위가 무죄로 선고된 사례가 다수 있고 헌법재판소에 위헌법률 심판제청도 여러 번 제기됐지만 결국 현행 헌법에 근거해 양심적 병역 거부는 인정되지 않고 있다.

오랜 사회적 논란에 종지부를 찍을 때가 됐다. 병역 기피의 목적이 아닌 진지한 양심적 판단의 결과가 보호되어야 인간의 개별성에도 불구하고 모든 인간의 기본권을 존중하는 헌법 정신의 실현에 부합한다.

양심적 병역거부란 종교적 신앙이나 개인의 신념으로 인해 군복무 또는 군인으로서의 역할을 거부하는 것을 말한다. 과거 양심적 병역거부자가 대부분 '여호와의 증인' 신자였다는 사실로 인해 이 문제가 불거질 때마다 "사이비 종교 신도들의 일탈"이라는 비난이 쏟아지고 대체복무제 도입 논의가 나올 때도 기독교계를 중심으로 한 반대론자들이 "특정 종교에 대한 특혜"라고 반발해 왔다.

그러나 양심적 병역거부가 특정 종교 신도들에 국한된 사안은 결코 아니다. 오히려 양심의 자유 일반에 대한 사회적 지표를 가늠하는 시금석이라고 할 수 있다. 2004년 7월 15일 대법원 판결에서 이강국 대법관은 반대 의견을 통해 청구인들의 병역거부가 "절박하고도 강력한 양심상의 결정"이라고 인정하고 "우리 헌법 제19조에 의하여 보호되어야 하는 양심의 전형적인 특성을 그대로 나타내고 있다"고 밝힌 바 있다. '양심상의 결정'은 종교적 신념에 의한 것일 수도 있고, 개인의 정치적·윤리적·철학적 신념의 추구일 수도 있다.

2001년 12월 17일 평화주의자임을 자처하는 27세 오모 씨의 병역 거부 선언이 있었다. 오씨의 사례는 여호와의 증인 외에 다른 종교 또는 개인적 신념에 의한 병역거부자도 있다는 사실을 보여주었다. 오씨의 뒤를 이어 유모(2002년 7월 9일), 임모(2002년 7월 30일), 나모(2002년 9월 12일) 씨 등의 입영거부 선언이 잇따랐다. 근래에는 29세의 독립영화 감독 김경묵(2014년 10월 8일) 씨와 23세의 대학생 박유호(2014년 12월 23일) 씨 등이 "죽음을 부르는 군대를 거부한다"며 병역거부를 공개 선언 했다. 물론 이들은 병역법 위반으로 징역형을 선고받았고, 앞으로도 마찬가지일 것이다. 최근의 경우 대법원은 2014년 7월 9일 종교적 신념을 이유로 입영을 거부한 이모 씨에 대해 징역 1년 6개월을 선 고한 원심을 확정했다.

그러나 국제 인권단체들은 이 같은 병역거부자들의 양심상의 결정 을 변함없이 지지해 왔다. 「세계인권선언」 제18조 및 「시민적·정치 적 권리에 관한 국제규약」 제18조는 사상·양심 및 종교의 자유를 규정하고 있고, 이에 근거해 유엔경제사회이사회 산하 인권위원회 는 1987년, 1989년, 1993년, 1995년, 1998년, 2000년, 2002년, 2004 년 등 여러 차례의 결의를 통해 양심적 병역거부자들을 보호하고 대 체복무제 도입을 촉구했다. 즉, 양심적 병역거부권을 인정하지 않는 국가에 대하여 양심적 집총거부자의 신념의 성질을 차별하지 말고, 징벌적 성격을 띠지 않는 대체복무제를 실시하라고 권고하면서, 특 히 양심적 병역거부자를 투옥하지 않도록 조치를 취해야 한다고 권 고하고 있다.

한국 정부에 대해서도 가령 2007년 1월 병역거부로 처벌받은 우리 나라 진정인 2명이 제기한 개인통보와 관련해 이들의 처벌은 「시민적·정치적 권리에 관한 국제규약」 제18조 제1항(사상·양심·종교의 자유)을 위반한 것이라며 진정인들에 대해 보상을 포함한 유효한 구제 조치를 취할 것과 재발방지를 요청한 사실이 있다.

우리 헌법재판소는 2011년 "병역 자원의 확보와 병역 부담의 형평을 기하고 국가의 안전보장이라는 헌법적 법익을 실현하고자 하는 법률 조항"이라며 병역법 조항에 대해 첫 합헌 결정을 내린 뒤 계속 같은 결정을 되풀이하고 있지만, 동시에 양심적 병역거부자들의 양심을 보호하는 입법 조처를 취해 줄 것을 국회에 권고해 왔다.

국가인권위원회도 마찬가지다. 국가인권위는 양심적 병역거부권이 헌법 제19조 등의 보호 범위 내에 있음을 확인하고 국회의장과 국방부 장관에게 양심적 병역거부권과 병역 의무가 조화롭게 공존할 수 있는 대체복무제를 도입할 것을 거듭 촉구했다. 일례로 2008년 7월 21일 국방부에 전달한 의견서에서는 "국제사회뿐만 아니라 헌법재판소도 양심적 병역거부자의 양심을 보호하는 조처를 취할 수 있도록 입법을 보완하라는 권고를 냈는데, 대체복무제의 이행이 이뤄지지 않는다면 인권 국가로서의 평가를 후퇴시키는 결과를 초래할 것"이라고 강조했다.

그러나 이 문제는 정부와 국회의 미온적인 자세로 매번 소모적인 논란을 넘어서지 못한 채 사회적 비용만 지출했을 뿐, 여전히 미해결의 국가 과제로 남아 있다. 국제 인권단체는 한국 정부에 대한 경고성 항의를 반복해서 제기하고, 1심 법원에서는 헌재에 위헌심판을 잇따라 제청하는 실정이다. 유엔 자유권규약위원회는 2014년 12월 8일 "한국 정부가 양심적 병역거부자를 투옥해 자유권 규약 제9조 '자의적 구금 금지' 조항을 위반했다"고 결정했다. 한국 정부의 양심적 병역거부자 처벌과 관련해 위원회는 지금까지 다섯 번이나 '자유권 위반' 결정을 내렸는데, 인권이 매우 열악한 나라에 대해서나 제기하는 '자의적 구금 금지' 위반을 지적한 것은 이번이 처음이라고 한다. 종전까지는 사상·양심·종교의 자유 침해만을 문제 삼았다.

한편 2015년 1월 30일 전주지법 정읍지원 형사1단독 강동극 판사는 병역법 위반 혐의로 기소된 박모(23) 씨가 낸 신청을 받아들여 헌재에 위헌법률심판을 제청했다.

2013년 6월 유엔인권위원회UNHRC가 발표한 「양심에 따른 병역거부에 관한 분석 보고서」에 따르면 종교와 신념 등을 이유로 군복무를 거부해 수감 중인 사람은 전 세계에 723명이 존재하는데, 놀랍게도 그중 669명이 한국인이다.

한국은 해방 이후 지금까지 1만 7000여 명의 병역거부자가 감옥에 다녀왔다는 통계도 있다. 이는 글로벌 스탠더드에 부합하기는커녕 완전히 역행하는 현상이다.

학계에 따르면 병역거부권을 현재 인정하고 있거나, 지금은 징병제를 폐지했지만 유지하던 시절 병역거부권을 인정했던 나라가 전 세계에 55개국이나 된다. 헌법에 병역거부권에 대한 명문 규정을 둔 대표적인 국가는 독일이다. 독일 헌법은 제4조(신앙, 양심과 신념의 자유) 제3항에서 "누구도 양심에 반하여 집총 병역을 강제당하지 아니한다. 상세한 것은 연방법률로 정한다."고 단호하게 규정하고 있다. 이어 제12a조(병역의 의무) 2항에서 "양심상의 이유로 집총 병역을 거부하는 자에게는 대체복무 의무를 부담시킬 수 있다. 대체복무 기간은 병역 기간을 초과할 수 없다. 상세한 것은 법률로 정하며, 그 법률은 양심에 따른 결정의 자유를 침해할 수 없고, 군대나 연방국경수비대 소속 부대와 관련 없는 대체복무도 가능하도록 규정하여야 한다."고 대체복무제를 구체적으로 제시하고 있다. 스위스 헌법도 제59조 제 1항에서 "모든 스위스 남성은 병역의 의무를 가진다. 법률은 대체복 무를 정한다."고 규정하고 있다.

우리도 이제 헌법 개정을 통해 오랜 논란에 마침표를 찍고 결론을 내야 한다. 전 세계에서 군복무를 거부해 수감 중인 사람 대부분이 한국인이라는 사실은 곧 지구상에서 거의 유일하게 양심에 따른 병 역거부를 인정하지 않는 나라가 한국이며, 국가가 이 문제에 대해 심각한 고민이 없음을 의미한다. 군복무에 필적할 만한 대체복무제 를 다양한 방식으로 도입할 수 있음에도 불구하고 많은 젊은이들의 인생에 손쉽게 전과자의 낙인을 찍는 사회가 바로 한국이다.

대체복무제 방안은 이미 국방부가 자세하게 개발한 내용이 있다. 2007년 9월 국방부는 "전과자를 양산하는 현 제도는 어떠한 방법으 로든 개선되어야 한다는 현실적 필요성을 감안해 대체복무 허용 방 안을 추진하기로 했다"며 「병역이행 관련 소수자의 사회복무제 편 입 추진 방안」을 발표했다.

종교적 사유 등에 의한 병역거부자의 대체복무를 '사회복무제도' 범 주에 포함시키고, 복무 분야는 24시간 근접보호가 필요한 치매 노인 이나 중증장애인 수발 등 사회복무자 배치 분야 중에서도 난이도가 가장 높은 분야를 선정하겠다는 것이다. 국방부는 복무 대상 기관으 로 한센·결핵·정신 병원 등 전국 특수병원 9개소와 국·공립 노인전 문요양시설을 예로 들었다. 대체복무자는 출·퇴근 없이 해당 복무 시설에서 합숙하면서 현역병 복무 기간 18개월의 두 배인 36개월을

복무해야 한다. 이는 일반 사회복무요원보다 14개월이나 긴 것이다. 이 정도 내용이면 대체복무제 도입의 사회적 공감대를 형성하는 데 거의 무리가 없다. 당시 국방부가 석연치 않은 이유로 추진 발표를 번복하고 말았는데, 기본 연구 내용이 있는 만큼 언제든지 다시 추진할 수 있다. 이를 위해 우선 헌법을 손질해야 한다.

제39조가 국방의 의무를 규정하고 있는 이상, 이에 대한 예외를 법률로 인정하는 것은 위헌의 소지가 있으므로 법리상 헌법에 규정을 두어야 한다. 설혹 이론적으로는 병역법 개정만으로 대체복무제 도입이 가능하다고 하더라도 지금까지의 경과를 볼 때 정치사회적 추동력을 만들기는 난망하다. 따라서 이제는 헌법적 결단이 필요하다. 제39조 제2항에 별도로 양심적 병역거부와 대체복무가 가능하다는 조항을 명시하는 방안이다.

헌법 개정을 위한 제안

현행 제39조

제39조 [국방의 의무]
① 모든 국민은 법률이 정하는 바에 의하여 국방의 의무를 진다.

개정 예시 안

제39조
① 모든 국민은 법률이 정하는 바에 의하여 국방의 의무를 진다. 국가는 집총 병역을 거부하는 자에 대해 국방의 의무에 준하는 대체복무제를 법률로 정한다.

군이 사병들을 관리·통제해야 할 전투력으로 인식하기
이전에 헌법에 보장된 기본권 주체로 인정하고 권리 체계
전반을 정비해야만 한다.

② 누구든지 병역의무의 이행으로 인하여 불이익한 처우를 받지 아니한다. 제39조 [국방의 의무]

제39조를 개정한다면 양심적 병역거부 관련 내용 외에 군복무자 일반의 기본권 보장을 강조하는 내용을 담는 게 필요하다. 윤 일병 집단구타 사망 사건이 전 국민을 엄청난 충격에 빠뜨린 사실도 있듯이 부대 내 온갖 가혹행위를 비롯한 인권침해가 아직 근절되지 않아 군복무자, 복무 예정자는 물론 그 가족들도 불안에 떨고 있다. 육군이 윤 일병 사건을 계기로 2014년 4월 한 달 동안 전 부대를 대상으로 가혹행위를 조사한 결과, 무려 3900여 건이 적발되었다고 한다.

구타와 언어폭력, 불필요한 암기 강요 등 고질적인 인권침해 행태가 단 한 달 조사 만에 4000건 가까이 드러난 사실을 어떻게 해석해야 할까. 실제 가혹행위는 군 자체 조사보다 훨씬 더 많을 가능성이 높다.

이는 군의 의식과 제도 운영 등이 낙후돼 있기 때문에 발생하는 것이다. 이런 문제들은 군이 사병들을 관리·통제해야 할 전투력으로 인식하기 이전에 헌법에 보장된 기본권 주체로 인정하고 권리 체계 전반을 정비해야만 해결할 수 있다.

군대 내 인권침해 예방 및 피해에 대한 적절한 보상을
국가가 헌법을 통해 분명하게 선언해야 한다.

구체적으로 "법률이 정한 국방 의무의 목적을 벗어나지 않는 한 기본권 행사로 인하여 불이익한 처우를 받지 아니한다"고 못박고 "군 복무 중 법이 정하는 사고 피해를 당했을 경우에는 국가유공자로서 정신적·물질적 보상을 해야 한다"고 명시해야 한다.

가혹행위 외에도 군이 기본권 문제에 얼마나 취약한 조직인지를 드러내는 사례는 많다. 군 당국이 임의로 작성한 어처구니없는 독서 금지 목록(이른바 국방부 불온도서)을 강요한다든지, 법이 보장한 절차에 따라 헌법소원을 제기한 군법무관들을 무더기로 파면한다든지 하는 막무가내식 행위가 제어되어야 한다.

군 복무자들의 인권 보장을 적극적으로 부각시키는 헌법 개정이 시의적절한 시점이다. 이를 반영해 제39조 개정안 예시를 종합하면 다음과 같다.

헌법 개정을 위한 제안

현행 제39조

제39조 [국방의 의무]
② 누구든지 병역의무의 이행으로 인하여 불이익한 처우를 받지 아니한다.

개정 예시 안

제39조
② 누구든지 법률이 정한 국방의무의 목적을 벗어나지 않는 한 기본권 행사로 인하여 불이익한 처우를 받지 아니한다.
③ 국가는 누구든지 군 복무 중 법이 정하는 사고 피해를 당했을 경우에는 국가유공자로서 정신적·물질적 보상을 해야 한다.

법원

평시 군사법원 폐지로 인한 대책에 대해서는 학계와 시민단체에서
여러 방안을 제시해 왔다. 일시적인 혼선을 방지하기 위해 완충 방안으로
지방법원 내 합의부로 '군사부'를 설치하고 군판사를 한 명 정도
참여시키는 방안이 그중 하나다. 전시·비상계엄시에는 부대별로
가장 근거리에 있는 일반법원에서 군사법원을 구성하면
신속한 대응이 가능하다.

> ① 군사재판을 관할하기 위하여 특별법원으로서 군사법원을 둘 수 있다. ② 군사법원의 상고심은 대법원에서 관할한다. ③ 군사법원의 조직·권한 및 재판관의 자격은 법률로 정한다. ④ 비상계엄하의 군사재판은 군인·군무원의 범죄나 군사에 관한 간첩죄의 경우와 초병·초소·유독음식물 공급·포로에 관한 죄중 법률이 정한 경우에 한하여 단심으로 할 수 있다. 다만, 사형을 선고한 경우에는 그러하지 아니하다.   제110조 [군사재판]

현행 헌법 제110조에 근거해 운영되는 군사법원 제도는 전문성도 적절하게 확보하지 못하고 있을 뿐만 아니라 독립성·민주성에 중대한 결함을 갖고 있기 때문에 평시 군사법원은 폐지하고 전시나 비상계엄 또는 해외 파병지에 한해서만 제한적으로 운용돼야 한다.

우리 헌법은 모든 국민이 "법관에 의하여 재판을 받을 권리"(제27조 제1항)를 선언하는 한편, "사법권은 법관으로 구성된 법원에 속한다"(제110조 제1항)고 규정하고 있다. 그런데 유일하게 예외를 두고 있는 '특별법원'이 바로 군사법원이다. 무엇이 특별한가. 대법관을 제외한 모든 법관은 헌법에 따라 대법원장이 임명하지만, 군판사는 국방부장관 혹은 각 군 참모총장이 소속 군법무관 중에서 임명한다. 야전 부대 사단급 이상 부대장은 이런 군판사들 중에서 2인, 자신의 직속 부하 중에서 일반 장교 1인을 지정해 총 3인으로 자기 관할 구역의 보통군사법원(일반 법원의 지방법원에 해당) 재판부를 구성한다. 이렇게 일선 군 지휘관이 법조인 자격도 없는 부하 장교('심판관'이라고 부른다)를 포함해 재판부를 마음대로 인선하는 것이 군사법원 재판부 구성의 실상이다.

부대장은 이른바 '관할관' 자격으로 군사법원뿐만 아니라 군 수사기관인 헌병대와 군검찰부까지 일상적으로 지휘·통제한다. 일반 사법체계로 따지면 부대장(그것도 법률 문외한)이 지방경찰청장과 지검장과 법원장을 한꺼번에 겸임하고 절대 권한을 행사하는 셈이다. 가히 '봉건군주식 사법체계'라 할 수 있다. 당연히 헌병, 군검찰, 군사법원이 독립성을 갖고 사건에 임하기가 구조적으로 어렵다.

게다가 부대장은 '확인조치권'이라는 권한도 가지고 있다. 피고인의 형이 과중하다고 판단되면 재량으로 형을 감경해 주는 놀라운 권한이다. 이미 선고를 받은 피고인에 대해 "군인답다", "반성하고 있다", "초범이다", "군생활을 열심히 했다" 등 자기 나름의 각종 사유를 들어 징역 1년형을 6개월로 줄이고, 벌금 500만 원을 100만 원으로도 감해 준다. 양형 기준이나 법정형을 무시하고 형량을 제한 없이 깎아 줄 수 있다는 이야기다. 이 역시 일반 사법 체계에서는 상상도 할 수 없는 초월적 특권이다. 대통령이나 가질 만한 일종의 특별사면권이다. 이처럼 군대에서는 일선 부대장이 군 검찰의 수사 내용을 보고받고, 구속 여부를 승인하고, 재판에 직·간접으로 관여하고, 최종적으로 선고 형량에 대한 감경 권한도 갖는다. 사실상 입건부터 판결까지 모든 과정에 영향을 미치는 것이다.

또 하나 문제가 심각한 시스템 중 하나는, 인사 발령에 따라 법무관이 군검찰과 군판사를 순환보직으로 돌아가며 맡을 수 있다는 사실이다. 검사도 했다가 판사도 했다가 하는 구조이므로 민간 형법 체계의 가장 기본적인 원칙인 검찰-법원 사이의 견제와 균형이 이루어지기 힘들 수밖에 없다. 그러다 전역을 하면 이번엔 변호사로 등장해 '선후배 동료'들이 군사법정에서 다시 만나게 된다. 좁은 군법무관 세계에서 얼마나 짜고 치기와 솜방망이 처벌이 가능할지 능히 짐작할 수 있다. 그래서 비판자들은 이를 '근친교배'라고까지 부른다.

군판사는 태반이 위관급이다. 2014년 국방부와 각 군 참모총장이 선발한 군판사 31명 중 24명이 대위 또는 중위였다. 나머지는 소령이다. 군의 철저한 상하 질서를 감안할 때 재판부가 영슝이 안 서고 심리적으로 위축되기 쉽다. 더군다나 재판장(부장판사)은 군판사가 아니라 선임인 심판관(지휘관이 임명한 부하 장교)이 맡기 때문에 지휘관의 개입 소지는 더 커질 수밖에 없다. 전국 84곳의 보통군사법원에서 재판장은 대개 법률 전문가도 아닌 일반 영관급 장교가 맡고, 군판사 2명은 배석판사로 자리한다.

이처럼 지휘관이 절대 권한을 행사하는 군사법원을 온전한 의미의 사법기관이라고 부를 수 있을까. 이런 제도는 이른바 '군의 특수성'을 반영해야 한다는 취지로 마련된 것이지만, 매우 자의적으로 재량권이 남용될 수 있고 법의 잣대보다 정실이 개입될 소지가 크다는 게 학계와 관련 시민단체의 중론이다.

헌법재판소는 1996년 "군사법원을 특별법원으로 설치하는 것은 군대 조직의 특수성을 고려하고 군사재판을 신속, 적정하게 하여 군기를 유지하고 군 지휘권을 확립하기 위한 것으로 필요하고 합리적인 이유가 있다."고 해석한 바 있다. 하지만 이 합헌 판결은 평시에 과연 어떠한 사건들이 군사법원에서 다뤄져 신속하게 재판해야 할 사안인지를 판단하지 않아 군사법원의 합헌성에 대한 논증이 형식적이고 부실했다는 비판을 받았다. 오히려 군사법원이 신속한 재판의 걸림돌로 작용하고 있는 현실도 간과했다. 단순 군무 이탈의 경우에도 군판사의 개인사정, 부대 훈련 일정 등을 이유로 3개월 이상 재판이 지연되는 경우가 많다는 게 일선 군법무관들의 증언이다. 또 실제 재판 과정에서 법률 전문가가 아닌 일반 장교가 심판관으로서의 역할을 거의 못하고 있어 '군 경험을 반영한다'는 제도의 취지를 살리지 못하고 잘못된 판결이 나올 위험성만 높이고 있다.

군사법원의 존치 논거 중 하나는 군 기밀 사항 등에 대한 공개 우려인데, 이는 국가정보원 관련 사항도 비공개 재판을 통해 일반법원에서 다루기 때문에 타당하지 않다. 실제로 군사법원에서 평소 재판하는 사안들은 군대 내의 비밀이나 기밀을 유지하는 내용들이라기보다는 일반법원에서도 충분히 다룰 수 있는 것들(폭행, 명령불복종, 군무이탈, 탈영 등)이 대부분이기 때문에 평시 군사법원을 유지할 실익이 없다는 조사 결과도 있다.

군 지휘권의 확립이 현행 군사재판 제도를 통해야 확보된다는 주장도 억지스럽다. 경찰이나 검찰이 군보다 더 지휘권 확립 필요성이 약해서 일반법원의 재판을 받는 게 아니다. 사법체계의 독립성·민주성이 가장 중요한 원칙이다. 징계권만으로도 조직 내 지휘권은 적절하게 행사할 수 있다.

군사법원 폐지가 필요한 또 다른 중대한 이유는 병영 내 인권 확립 필요성 때문이다. 부대 내에서 일어나는 각종 가혹행위, 성폭력, 음

주 사건 등에 대한 축소·은폐·조작 사례들이 숱하게 보고되고 있는데, 그 근저에 바로 군사법원의 구조적 한계가 자리 잡고 있다. 사건에 대한 책임과 인사상 불이익 등을 회피하기 위해, 또는 개인적 인연이 있는 부하 지휘관의 구제나 희생양 만들기 등을 위해 지휘관이 재판에 얼마든지 개입할 수 있다는 것이 현재의 군사재판 구조다.

솜방망이 처벌과 고무줄 양형 등 구체적으로 어떤 사례들이 있는지는 언론에도 여러 차례 소개된 바 있다. 부하 여군에 대한 상관의 성폭력 등 부대 내 반인권적 범죄와 군기문란 행위도 갈수록 심각하게 불거지고 있다. 얼마 전 부하 여군을 성폭행한 혐의로 체포된 육군 여단장 사건에 대해 모 의원이 "외박을 못 나간 게 성폭행의 원인이었다"는 취지로 발언하고 피해자를 '하사 아가씨'라고 지칭해 또다시 여론이 들끓었다. 이 의원은 3성 장군 출신에 심지어 국회의 '군 인권개선특위' 위원이었다. 평소 군 장성들의 방만한 특권의식과 안이한 인권의식을 단적으로 드러낸 것으로, 군사재판의 느슨한 작동 및 처벌 양태가 이런 의식을 조장하는 측면을 부인할 수 없다. 민간 사회도 아니고 규율이 생명인 군 조직 안팎에서 이런 사건들이 빈발한다는 것은 매우 심각한 문제가 아닐 수 없다.

인권의식 강화와 군 개혁 차원에서 군 사법체계를 개혁할 필요가 있다. 보수진영이 즐겨 강조하는 안보 차원에서도 군 기강을 새롭게 확립해야 한다.

윤일병 사태 이후 정병국 의원을 위원장으로 하여 국회에 구성된 '군인권개선특위'에서도 2015년 7월 '군 인권개선 및 병영문화 혁신 과제의 조속한 이행 촉구 결의안'을 채택하면서 군사법원 및 심판관 제도 완전 폐지를 권고했다. 특위는 "사법권과 행정권을 함께 가진

조직은 군이 유일하고 전시를 위한 별도의 법률이 존재하므로 군사법원을 평시에 군대 내에 둘 필요성이 떨어진다"고 명확하게 지적했다. 국회 차원의 '초강수'라는 언론 해설도 나왔지만, 특위 권고안에 대해 국방부는 "충실하게 검토하겠다"고 반응한 뒤 사실상 '수용 불가' 입장을 정한 것으로 전해진다. 국방부 측이 지금까지 그래 왔던 것처럼 외면 또는 무시 방침으로 일관하면 국회도 현실적으로 방법이 없다. 그래서 개헌이 필요한 것이다.

평시 군사법원 폐지로 인한 대책에 대해서는 학계와 시민단체에서 여러 방안을 제시해 왔다. 일시적인 혼선을 방지하기 위해 완충 방안으로 지방법원 내 합의부로 '군사부'를 설치하고 군판사를 한 명 정도 참여시키는 방안이 그중 하나다. 전시·비상계엄시에는 부대별로 가장 근거리에 있는 일반법원에서 군사법원을 구성하면 신속한 대응이 가능하다.

외국 입법례 중 독일 헌법은 제96조 제2항에서 다음과 같이 규정하고 있다. "연방은 연방법원으로 군대를 위한 군사법원을 설치할 수 있다. 군사법원은 방위상의 긴급사태나 외국으로의 파병 또는 군함에 승선한 군 복무자에 대해서만 형사재판권을 행사할 수 있다. 그 밖의 세부 사항은 연방 법률로 정한다. 이 군사법원은 연방법무장관의 소관 분야에 속한다. 군사법원의 전임 법관은 법관의 자격을 가져야 한다."

지금까지의 논의를 정리하면, 군사법원이 헌법상의 기본 원칙인 권력분립의 원리와 사법권 독립 원칙에 대해 심대한 제한을 가하는 현실을 군의 특수성이라는 미명 아래 더 이상 방치해서는 안 된다는 것을 알 수 있다. 따라서 평시와 전시를 구별하지 않고 인권과 헌법

원리에 위배되는 포괄적 예외, 즉 현역 군인의 재판 참여와 지휘관의 확인조치권을 인정하는 현행 군사재판 제도는 인권 침해 및 위헌 소지가 높기 때문에 평시 군사법원 제도는 폐지하고 전시 및 비상계엄시, 또는 해외파병지에 국한해 군사법원을 운영하도록 헌법과 관련 법률을 정비해야 한다.

군 장성들과 정치권 일각의 강한 반발이 예상되지만 개헌을 통해 관철시킨다면 사법 역사와 군 개혁에 큰 의미를 남긴 진전으로 기록될 것이다.

헌법 개정을 위한 제안

현행 제110조

제110조 [군사재판]
① 군사재판을 관할하기 위하여 특별법원으로서 군사법원을 둘 수 있다.
② 군사법원의 상고심은 대법원에서 관할한다.
③ 군사법원의 조직·권한 및 재판관의 자격은 법률로 정한다.
④ 비상계엄하의 군사재판은 군인·군무원의 범죄나 군사에 관한 간첩죄의 경우와 초병·초소·유독음식물공급·포로에 관한 죄중 법률이 정한 경우에 한하여 단심으로 할 수 있다. 다만, 사형을 선고한 경우에는 그러하지 아니하다.

개정 예시안

제110조
① 군사재판을 관할하기 위하여 전시 및 비상계엄시, 해외 파병지에 한하여 법관으로 구성된 특별법원으로서 군사법원을 둘 수 있다.
② 군사법원의 상고심은 대법원에서 관할한다.
③ 군사법원의 설치와 권한 기타 필요한 사항은 법률로 정한다.

국가인권위원회

국가인권위가 정권의 입김에 휘둘리지 않고 제 역할을 하고 신뢰를 되찾기
위해서는 법적 위상에 대한 재검토가 필요하다. 인권위는 헌법에
그 구성과 조직 및 권한이 규정된 헌법기관이 아니다. 따라서 독립성이
중앙선관위와 같은 헌법기관에 미치지 못하고 독자적인 공무원 총원
권한을 갖지도 못한다. 현재 법률(국가인권위원회법)로 설치된
국가인권위를 헌법상 기관으로 격상하지 않으면 안 된다.

2001년 11월 설립된 국가인권위원회는 정권에 따라 굴곡이 심하지만 기본적으로는 우리 사회의 인권보장 요구를 제도적으로 수렴하는 중요한 역할을 맡고 있다. 각 분야의 뿌리 깊은 인권침해 악습을 더 이상 당연한 일로 보지 않도록 관점을 교정하고 사회 전반의 인권 감수성을 고취시키는 국가인권위원회의 기능은 앞으로 더욱 진보하고 확장돼야 한다.

이런 국가인권위가 제 역할을 못 하고 휘청이곤 하는 것은 현실적으로 정권의 입김이 강하게 작용하기 때문이다. 2014년 3월 국제 인권기구 연합체인 '국가인권기구 국제조정위원회ICC'에 의해 '등급보류' 판정을 받았던 국가인권위가 같은 해 11월 재심사에서 또 등급보류

판정을 받아 세계적 망신을 산 일은 국가인권위의 날개 없는 추락을
여실히 보여준다.

국가인권위가 정권의 입김에 휘둘리지 않고 제 역할을 하고 신뢰를
되찾기 위해서는 법적 위상에 대한 재검토가 필요하다. 인권위는 헌
법에 그 구성과 조직 및 권한이 규정된 헌법기관이 아니다. 따라서
독립성이 중앙선관위와 같은 헌법기관에 미치지 못하고 독자적인
공무원 충원 권한을 갖지도 못한다. 예산을 삭감할 때 예산 당국이
국가인권위원장의 의견을 구할 의무도 없다.

'국민의 인권 보장'이라는 중요한 헌법적 소임을 다하는
국가인권위가 그 구성, 조직 및 권한을 헌법에 근거해
확립할 수 있도록 해야 한다. 현재 법률(국가인권위원회법)로 설치된
국가인권위를 헌법상 기관으로 격상하는 것이다.

국가인권위는 비록 구속력 있는 결정을 할 권한은 없지만, 인권에
영향을 미치는 정책에 대한 권고나 인권 교육 등 인권 선진화에 중
요한 기관이므로 정치적 이해관계에 따른 독립성 훼손 시비를 방지
하기 위해 위상을 끌어올릴 필요가 있다. 헌법기관으로 한다고 하더
라도 권력기관이 아니므로 다른 기관과 충돌할 가능성은 낮다.

국가인권기구의 독립성을 강화하기 위해 헌법에 새로운 장을 추가
한다면 다음과 같은 내용을 검토해 보는 것은 어떨까. 중앙선관위
바로 다음 장에 편제할 경우의 예시다.

헌법 개정을 위한 제안

개정 예시안

제8장 국가인권위원회

제117조
모든 개인이 가지는 불가침의 인권을 보호하고 신장시킬 목적으로 인권 존중과 인권 문화를 증진하고 국가의 인권 준수를 조사·평가하는 사무를 처리하기 위하여 국가인권위원회를 둔다.

제118조
① 국가인권위원회는 위원장을 포함한 9인의 위원으로 구성한다.
② 위원장과 위원은 국회가 선출한 자를 대통령이 임명하고, 그 임기는 4년으로 하며, 1차에 한하여 연임할 수 있다.
③ 위원은 정당에 가입하거나 정치에 관여할 수 없다.
④ 위원은 탄핵 또는 금고 이상의 형을 선고받지 아니하고는 파면되지 아니한다.

제119조
① 국가인권위원회는 그 권한에 속하는 업무를 독립하여 수행한다.
② 국가인권위원회는 모든 행정기관에 대하여 직권으로 또는 진정에 근거하여 인권 증진에 필요한 권고를 할 수 있다.

제120조
① 국가인권위원회는 법률에 저촉되지 아니하는 범위 안에서 진정과 권고 등에 관한 절차, 내부 규율과 사무처리에 관한 규칙을 제정할 수 있다.
② 국가인권위원회의 조직과 운영, 기타 필요한 사항은 법률로 정한다.

경제

현재 한국 사회를 위기로 몰아가는 빈부 격차와 불평등 문제는

소득분배에도 원인이 있겠지만, 근원적으로는 자산과 토지의

소수 집중이라는 왜곡된 구조에서 기인한다.

토지 불로소득을 적절하게 환수하면 소수의 경제력 남용을 막아

토지로 인한 사회경제적 양극화가 대폭 시정되고

시장의 대원칙인 자유경쟁을 크게 신장시킬 수 있다.

이를 위해서는 토지공개념을 도입해야 한다.

① 대한민국의 경제질서는 개인과 기업의 경제상의 자
유와 창의를 존중함을 기본으로 한다. ② 국가는 균형있
는 국민경제의 성장 및 안정과 적정한 소득의 분배를 유
지하고, 시장의 지배와 경제력의 남용을 방지하며, 경제
주체간의 조화를 통한 경제의 민주화를 위하여 경제에
관한 규제와 조정을 할 수 있다.
제119조 [경제 질서의 기본 · 경제의 규제 · 조정]

국가는 국민 모두의 생산 및 생활의 기반이 되는 국토의
효율적이고 균형있는 이용·개발과 보전을 위하여 법률
이 정하는 바에 의하여 그에 관한 필요한 제한과 의무를
과할 수 있다.   제122조 [국토 이용 · 개발과 보전]

지난해 프랑스 경제학자 토마 피케티의 저서 『21세기의 자본』 발간
을 계기로 불기 시작한 '피케티 신드롬'은 국내에도 지식인들을 중
심으로 대단한 파장을 일으켰으며, 아직까지도 그 여진이 이어지고
있다. 『21세기의 자본』 핵심은 '세습 자본'으로 인한 소득 불평등이
'자본주의의 중심적 모순'으로 작용해 경제적 양극화를 심화하고 민
주주의 체제까지 위협한다는 것이다. 피케티는 이를 중단 또는 완화
시키기 위한 방안으로 조세 체제의 개혁, 즉 세금 부담이 공정하고
실용적으로 이뤄져야 한다고 강조했다.

전 세계 경제학자와 사회학자들로부터 뜨거운 찬사를 받은 피케티
의 실증적 탐구와 통찰의 결론은 토지공개념 도입 의의와도 그대로

맞닿아 있다. 피케티의 논지를 빌려 표현하면, 세습 자본으로 인한 토지 소유의 불평등이 '한국 자본주의의 중심적 모순'으로 작용해 경제적 양극화를 심화하고 민주주의 체제까지 위협하는 만큼, 조세 체제를 개혁해 토지 불로소득을 실용적으로 환수해야 한다는 것이 토지공개념 도입의 취지다.

한국의 사회·경제적 양극화가 살수록 악화하여 국민 간 갈등의 골이 깊어지고 있음은 누구나 인정하고 우려하는 사실이다. '꼬리칸'에 갇혀 경제적으로 열악한 처지로 내몰린 사람들은 부유한 계층인 '앞쪽 칸' 사람들에게 정신적·문화적으로 예속되고 있다. 이는 결국 1인1표의 정치적 평등까지 위협하고 있다.

이를 해소하기 위한 중요한 방편의 하나가 토지공개념을 헌법에 명문화하는 것이다. 능력의 차이로 인한 경제적 불평등은 당연하고 자연스러운 일인 것 같지만, 불평등의 원인이 능력이 아니라 시장 왜곡에 있다면 얘기가 달라진다.

'화폐를 매개로 한 상품과 서비스의 자유로운 교환'이라는 시장의 자유경쟁 정신이 왜곡되지 않고 제대로 구현되기 위해서는 두 가지 조건이 갖춰져야 한다.

첫 번째는 '노력소득에 대한 더 많은 보장, 불로소득에 대한 더 많은 차단'이라는 원칙이다. 노력소득을 더 많이 보장하면 투자와 저축은 자연스럽게 늘어나게 된다. 반면 불로소득을 더 많이 보장하면 경제 행위자들은 투기와 같은 비생산적인 수단에 몰두하게 되어 생산적 투자와 저축은 줄게 된다. 불로소득이 만연한 시스템 하에서는 시민들이 경쟁의 공정성을 기대할 수 없어 각자의 재능을 마음껏 발휘하는 역동성이 위축될 수밖에 없다. '자유경쟁'에서 자유는 '타인의 자유를 침해하지 말아야 한다'는 '타자 위해危害의 원리'를 위배하지 말아야 한다는 의미가 내포되어 있는데, 불로소득은 이 명제와 정면으로 충돌한다. 불로소득을 차단하고 노력소득을 더 많이 보장하면 자유경쟁의 역동성과 효율성이 훨씬 높아질 것이다.

두 번째는 독점시장의 가능성을 차단하는 조치다. 자유경쟁을 억압하고 소수 기업만 살찌우는 독점시장이 반시장적이라는 사실은 두말할 나위가 없다. 요컨대, 자유경쟁의 정신을 구현하기 위해서는 불로소득과 독점 차단이 함께 이루어져야 한다. 바로 이 같은 과제들이 토지 문제와 직접적으로 연관돼 있다. 토지 투기는 불로소득과 독점 구조의 중심에 위치해 자유경쟁을 제약하고 사회경제적 양극화를 조장한다.

한국의 토지 불로소득은 실로 놀라운 수준이다. 2007년 10월 당시 행정자치부가 발표한 「2006년 토지소유 현황 통계」에 따르면 토지 소유자의 상위 1%(약 50만 명)가 민유지의 57%, 상위 10%(500만 명)가 98.4%를 소유하고 있다. 변창흠(현 SH공사 사장)·안규오의 2009년 논문에 따르면, 1998~2007년 10년간 발생한 토지 불로소득 규모는 총 2002조 원에 달한다.

반면 조세 및 부담금을 통해 환수한 액수는 116조 원뿐이다. 환수 비율이 5.8%에 불과하다. 토지 불로소득의 94%를 소수의 땅부자들이 챙겼다는 말이다. 이와 유사한 실증적 자료는 얼마든지 있다. 결국 토지 소유의 양극화가 전체 양극화의 주요 원인임을 말해주는 연구 결과들이다. 양극화가 노력소득의 결과라면 국민 대부분이 흔쾌히 받아들이겠지만, 토지 불로소득을 소수가 사유화하고 있는 것이

주된 원인이라면 '노력한 사람이 잘 사는 사회'라는 보편적 정의감은 토대부터 흔들리게 된다.

토지 투기는 독점시장의 원인이 되기도 한다. 자유경쟁이 가능하려면 진입장벽이 되도록 낮아야 한다. 그런데 토지 불로소득의 탐욕이 제어되지 않는 제도 아래서는 지가地價가 높을 수밖에 없다. 형식적으로는 모든 사람이 토지를 소유할 수 있지만 실세로는 크게 제한돼 있는 것이다. 장사를 하든 사업을 하든 시장에 새로 진입하려면 부동산 소유 또는 임대가 필수적이라는 점에서 결국 높은 지가는 자유경쟁을 제한하고 독점시장을 조장하게 마련이다.

토지가 없는 다수 국민은 생존과 수입을 위해 토지를 임차하며 토지 소유자에게 높은 지가에 따른 임대료를 지불해야 한다. 이는 개인이 열심히 노력해서 번 소득, 즉 노력소득을 그만큼 침해받는 것이다. 투기로 부동산 가격이 인위적으로 상승할수록 개인의 노력소득은 더 침해받는다.

다음의 언론 기사는 현재 대한민국에서 부동산 소유자들의 지대 추구 행위로 인해 자영업자들의 노력소득이 얼마나 침해받고 있는지를 여실히 보여준다. 좀 길지만 피부에 와 닿도록 현실을 생생하게 반영하고 있어 인용한다.

서울 종로구 서촌에서 67평 규모의 홍성 한우집을 운영하고 있는 유모 사장(52)이 내는 월 임대료는 572만 원이다. 충남 홍성에서 21년간 직장을 다니다 퇴직 후 상경해 2008년 개업했을 당시 임대료는 400만 원이었다. 2년 재계약 때마다 임대료가 뛰면서 개업 당시보다 43% 폭등했지만 영업은 들쭉날쭉하다. 올해는 경기침체에 중동호흡기증후군(메르스)이 겹치면서 지금껏 흑자를 낸 적이 없다. 매출의 대부분이 카드로 결새내 사느 수수료만 한 날에 150만~200만 원에 달한다. 고정적으로 나가는 임대료와 카드 수수료, 직원들의 월급을 주고 나면 한 달 매출이 5000만 원까지 올라도 손에 쥐는 돈은 200만 원이 채 안 됐다. 그래도 서촌 상권이 활성화하고 맛집으로 입소문을 타면서 희망이 보이던 참에 얼마 전 청천벽력 같은 소식이 날아왔다. 건물주가 가게를 비워 달라는 내용증명을 보낸 것이다. 집주인의 자녀가 커피전문점을 내려 하니 이달 말까지 나가 달라는 얘기였다. 유 사장은 "입주 당시 권리금 3억 원에 시설투자금 5000만 원 대부분이 빚이었다"면서 "건물주가 재력도 있고, 장기간 세를 놓는 사람이기 때문에 쫓겨날 염려가 없다고 생각해 터를 잡았는데 한 푼도 건지지 못하게 생겼다"고 말했다.

서울 잠실에서 4년 전 막국숫집을 시작한 이모 사장(60)도 사정은 비슷하다. 40평 공간에 보증금 3000만 원, 임대료는 한 달 220만 원이다. 휴일에 가게를 닫더라도 임대료만 하루에 8만 원 꼴인데 매출에 비하면 부담스러운 수준이다. 33년간 다닌 직장에서 이사로 퇴직한 뒤 부인과 함께 새벽 4시부터 밤 11시까지 일해도 퇴직 전 받던 월급의 30%도 되지 않는다. 이 사장은 "장사가 잘 되면 건물주가 임대료를 올리며 나가라고 해서 망하고, 장사가 안 되면 안 되는 대로 망해서 나가는 게 자영업자 신세"라고 말했다.

치솟는 임대료로 자영업자들의 부담이 끊이지 않고 있다. 경기침체로 인한 소비 위축에 세월호나 메르스 등 악재가 겹치면서 허리띠를 졸라매 보지만 결국 임대료 부담으로 장사를 접는 이들이 속출하고 있다. 장사가 잘 되면 '조물주보다 높은 건물주'만 돈을 번다는 우스개는 씁쓸한 상식이 된 지 오래다. 임대사업자들에게 대한민국은 '천국'이지만 건물을 빌려 장사하는 자영업자들에게는 '개미지옥'이나 다름없다.

부동산114 자료를 보면 서울 이태원 상권의 월 임대료는 2011년 $3.3m^2$당 9만 5370원에서 지난 6월 말 현재 16만 830원으로 68.6%, 홍대 상권은 $3.3m^2$당 7만 7220원에서 12만 2760원으로 58.9% 폭등했다. 이태원 상권의 2분기 임대료는 석 달 만에 무려 19.3% 상승했다. 경리단길 상권까지 인기를 모으며 평당 40만 원이 넘는 고가의 상가가 늘어난 탓이다. 서울 서초구 신사역과 종로구 종각역 일대 역시 월 임대료는 4년 동안 각각 45.7%, 36.4% 오른 것으로 조사됐다.

임대료가 치솟으면서 폐업하는 가게도 속출하고 있다. 통계청 자료를 보면 올 상반기 고용원 없는 자영업자는 지난해 같은 기간(408만 2000명)보다 10만 7000명 줄어든 397만 5000명이다. 1995년 상반기의 397만 1000명 이후 20년 만에 최저치다. 전체 취업자(2568만 명) 중 자영업자(557만 명)가 차지히는 비중은 21.7%로 역대 최저치로 떨어졌다.

자영업자들을 괴롭히는 것은 무엇보다 치솟는 임대료다. 상권이 뜰 경우 대기업 프랜차이즈 상점이 들어오면서 영세 자영업자들은 주변 상권으로 밀려나가는 젠트리피케이션Gentrification 현상도 심각하다. 선종필 상가뉴스레이다 대표는 "경기침체로 창업 수요가 줄고, 자영업자 간 경쟁도 약화된 상황이지만, 역세권이나 교차로 인근, 대표적 지역 상권 등의 임대료는 계속 오르고 있다"면서 "신규 택지개발지구나 대규모 민간 아파트 단지의 상가도 낙찰가가 올라 임대료 상승으로 이어지고 있다"고 말했다.

임대료 상승은 계층 간 양극화도 심화시킨다. 자영업자들이 한 번 망하면 재기하기 힘들고 이는 곧 소비 위축으로 이어져 경제 활력이 떨어질 수밖에 없다. 임대료 부담으로 종업원들의 임금을 제대로 주지 못하면서 종사자들의 저임금 상황도 심각하다.

반면 건물주들은 임대료 수익으로 다른 부동산을 매입하는 등 지속적으로 지대 수익을 확대하고 있다. 우리나라가 점차 지대(rent·공급이 제한됨으로써 발생하는 독점적 이익) 추구형 사회로 변해 가면서 서민 부담만 커지고 있는 것이다. 반면 임대소득에 대한 적절한 과세도 이뤄지지 않고 있다. 이정우 경북대 교수는 "대표적인 불로소득인 임대료 상승으로 서민들의 노동소득이 고소득층으로 이전되고 있다"면서 "한국 사회가 갈수록 기생 자본주의적 속성이 심화되고 있다"고 말했다.*

*   박재현, 「대한민국은 '건물주 천국'—자영업자 눈물로 지은 건물주 천국」, 『경향신문』, 2015년 8월 19일.

이론적으로 좀 더 살펴보자. 고전적 생산 이론에서 토지·노동·자본은 가장 중요한 생산요소다. 토지를 사용하면 당연히 지대가 비용으로 지출된다. 투자된 자본에 대해서는 이자를 지불해야 한다. 노동역시 임금이 뒤따라야 한다. 토지·자본·노동이라는 생산요소의 대가로서 각기 분배되는 지대·이자·임금은 사회적 소득의 원천이 된다. 이는 '사회적 부=지대+이자+임금'이라는 등식으로 나타낼 수 있다. 이 등식을 바꾸면 '사회적 부-지대=이자+임금'이 된다. 지대와 이자+임금은 역비례 분배 법칙으로 작용한다. 지대의 분배 비율이 30%라면 이자와 임금으로 지출되는 사회적 부는 70%가 된다. 반대로 지대의 비율이 70%로 높아지면 이자와 임금은 30%로 감소한다.

이렇게 사회 전체 부의 총량에서 지대가 높을수록 이자와 임금으로 배분되는 몫은 줄어들어 자본의 생산 활동이 위축되고 대중 다수는 생활이 곤란해질 수밖에 없다. 토지 독점으로 인해 발생하는 지대가 불로소득으로 흡수되면 임금과 이자는 낮은 수준으로 떨어지는 구조다.* 현재 한국 사회를 위기로 몰아가는 빈부 격차와 불평등 문제는 소득분배에도 원인이 있겠지만, 근원적으로는 자산과 토지의 소수 집중이라는 왜곡된 구조에서 기인하는 것이다.

토지 불로소득을 적절하게 환수하면 소수의 경제력 남용을 막아 토지로 인한 사회경제적 양극화는 대폭 시정되고 시장의 대원칙인 자유경쟁을 크게 신장시킬 수 있다. 이를 위해서는 결국 토지공개념을 도입해야 한다. 또 하나 주목해야 하는 부분은, 토지에서 발생하는 이익은 토지 소유자가 아니라 대부분은 사회에서 만든 가치에서

---

* 원용찬, 「토지는 절대 사유할 수 없다」, 『월간 인물과사상』, 2014년 6월호, 156쪽.

창출된다는 사실이다. 가령 정부가 국민 세금으로 도로나 학교, 지하철역 등을 건설하고 이를 많은 사람이 이용하게 되면 곧바로 토지 가치가 상승하고 가격이 올라간다. 이처럼 사회공동체가 상승시킨 토지의 가치를 적절한 환원 없이 사유화하는 행위에 '불로不勞'라는 수식을 붙이는 것이다.

노력소득을 보장하고 촉진하려는 사유재산제는 토지 불로소득의 사유화와 공존할 수 없다. 토지 불로소득이 만연한 체제는 노력소득의 가치를 크게 떨어뜨려 결국 모든 국민의 토지 투기를 조장하고, 이는 다시 타인의 노력소득을 침해해 사유재산제를 위협하는 악순환이 되풀이된다. 요컨대 토지에 공적 개념을 적용하는 것은 자유시장 경제 체제에 근본적으로 타당하고, 토지의 불로소득 가치를 환수하는 것은 사유재산제를 보장하는 데에도 효과적이라는 말이다.

이 같은 '시장친화적 토지공개념'의 정신을 헌법에 담아야 한다. 그러나 노무현 정부 때 기득권층의 극심한 반발이 증명하듯이, 정부가 부동산 투기 만연에 따른 가격 폭등을 막기 위해 보유세제 강화, 대출 규제 강화, 분양가 규제, 개발이익 환수 등 각종 제도를 도입할 때마다 "사유재산을 침해하고 시장경제에 반하는 좌파적 발상"이라며 위헌 시비까지 일어나곤 한다.

이런 정부의 실패, 시장의 실패를 더 이상 반복하지 않기 위해서는 헌법에 토지공개념을 규정해 부동산 투기 방지 목적으로 개발이익환수제 등을 시행할 수 있는 근거를 만들어 토지 불로소득 환수의 정당성을 확고히 해야 한다.

현재 우리 사회에 자유경쟁 원리가 지속적으로 훼손되고 양극화가 가속화하는 반면, 경제 민주화는 후퇴하고 있다는 사실을 누구도 부인하지 못한다. 헌법 개정으로 시장친화적 토지공개념이 도입되고 그에 근거해 적절한 정책이 시행되면 이른바 '보수'가 바라는 대로 대한민국의 시장경제는 역동적인 자유경쟁으로 더욱 발전할 것이다. 남기업 토지+자유연구소 소장의 논문*을 인용해 토지공개념 관련 조항을 예시한다.

---

* 남기업, 「헌법의 경제조항 개정 방향」, 「국민과 함께하는 개헌 이야기」 2권, 국회 미래한국헌법연구회, 2010, 848쪽.

헌법 개정을 위한 제안

제119조 [경제 질서의 기본·경제의 규제·조정]
① 대한민국의 경제질서는 개인과 기업의 경제상의 자유와 창의를 존중함을 기본
으로 한다.
② 국가는 균형 있는 국민경제의 성장 및 안정과 적정한 소득의 분배를 유지하고,
시장의 지배와 경제력의 남용을 방지하며, 경제주체간의 조화를 통한 경제의
민주화를 위하여 경제에 관한 규제와 조정을 할 수 있다.

제122조 [국토 이용 · 개발과 보전]
국가는 국민 모두의 생산 및 생활의 기반이 되는 국토의 효율적이고 균형 있는 이
용·개발과 보전을 위하여 법률이 정하는 바에 의하여 그에 관한 필요한 제한과 의
무를 과할 수 있다.

개정 예시안

제119조
① 대한민국의 경제질서는 개인과 기업의 경제상의 자유와 창의를 존중함을 기본
으로 한다.
② 국가는 균형 있는 국민경제의 성장 및 안정과 적정한 소득의 분배를 유지하고,
시장의 지배와 경제력의 남용을 방지하며, 경제주체 간의 조화를 통한 경제의
민주화를 위하여 경제에 관한 규제와 조정을 할 수 있다.
③ 국가는 토지와 천연자원으로부터 소유자의 생산적 노력 및 투자와 무관하게 발
생하는 이익을 환수할 수 있다.

제122조
국가는 국민 모두의 생산 및 생활의 기반이 되는 국토를 효율적이고 균형 있게 이
용·개발·보전하고 토지공개념에 근거한 투기 방지를 위하여 법률이 정하는 바에
따라 필요한 제한과 의무를 과할 수 있다.

날로 악화하는 사회 양극화와 무서운 속도로 진화하는
정보화 시대의 틈바구니 속에서 다양하게 발생하는
인권 및 기본권 문제들을 현행 헌법은 담고 있지 못하다.
이 책의 문제의식은 바로 여기서 출발한다.

표현의 위기, 사상의 위기

사상의 자유와 표현의 자유는 헌법에서 가장 중요하고 우월적인 기본권에 속하는 만큼 그 토대가 반석처럼 단단해야 하지만 현실은 그렇지 않다. 그때그때 정치권력의 자의적 잣대에 따라 불안하고 위태로운 지경에 처하는 경우가 적지 않다. 앞에서 지적한 대로 헌법 21조 4항이 '공중도덕'이나 '사회윤리'와 같은 모호한 개념을 빌미로 제공하기 때문에 권력에 따라 언론·출판의 자유를 자의적으로 침해하는 근거로 악용되기도 한다. 표현의 자유가 현실적으로 어떻게 공격받고 있는지, 새삼스러울 수도 있으나 대표적인 사례를 통해 살펴보자. 사상과 표현의 자유를 헌법적 가치로 좀 더 분명하게 자리매김할 필요성을 다시금 환기해보자.

1) 미네르바 구속 사건

2009년 1월 검찰은 '미네르바'라는 필명으로 인터넷에서 활동하던 박모 씨를 긴급체포해 구속했다. 그는 2008년 7월부터 포털 사이트의 경제토론방에 '한국 경제 전망'을 주제로 당시 금융위기의 심각성 등을 분석하고 한국 경제의 미래를 예측하는 100여 편의 글을 올려 네티즌들의 주목을 많이 받았던 논객이었다. 특히 미국의 서브프라임 모기지 사태에 따른 리먼브라더스의 위기와 환율 변동, 주가지수 등에 대한 분석이 실제 경제 상황과 맞아떨어지고 〈추적 60분〉을 비롯한 방송 매체에서도 많은 관심을 보이면서 박씨는 지명도 있는 이슈메이커로 떠올랐다.

그러나 정부가 7대 금융기관 및 수출입 관련 주요 기업에 달러 매수를 금지하는 긴급 공문을 전송했다는 글을 박씨가 올리자, 기획재정부는 그 내용이 사실무근임을 밝히는 보도자료를 배포했다. 검찰도 허위사실 유포 혐의로 박씨에 대한 수사에 착수해 결국 "공익을 해할 목적으로 전기통신설비에 의해 공연히 허위의 통신을 한 사람에게 5년 이하의 징역이나 5,000만 원 이하의 벌금에 처한다"고 한 전기통신기본법 제47조 1항을 적용, 박씨를 구속 기소했다.

미네르바 구속에 대해 국내는 물론 외국에서도 강도 높은 비판이 이어졌다. '국경 없는 기자회RSF'는 미네르바의 석방을 촉구하면서 표현의 자유에 대한 심각한 침해를 우려했다. 영국 언론 〈로이터〉와 〈파이낸셜타임스〉, 미국의 〈포브스〉와 〈인터내셔널 헤럴드 트리뷴〉, 〈월스트리트저널〉 등 세계적 언론들이 미네르바 체포 소식을 전하면서 한국 정부와 인터넷 여론과의 관계, 인터넷상의 표현의 자유 침해 논란 등을 언급했다. 미네르바 체포 소식을 가장 먼저 전한 〈로이터〉는 '황당 뉴스Oddly Enough' 코너에 뉴스를 실었으며, 경제전문지 〈포브스〉는 "결국 한국의 언론의 자유를 침해하고 네티즌과 경제 논객들을 침묵하게 할 것"이라고 지적했다. 〈파이낸셜타임스〉는 "미네르바 체포는 한국이란 나라에 표현의 자유 freedom of speech가 있는지에 대한 질문을 던지게 한다"고 비판했다. 〈뉴욕타임스〉가 발행하는 국제판 〈인터내셔널 헤럴드 트리뷴〉은 "비관적 전망을 얘기하던 블로거가 한국에서 체포됐다"는 제하의 서울발 기사를 1면 사이드톱 기사로 다뤘다.

검찰의 무리한 법 집행은 법원에 의해 거부되었다. 1심 재판부는 2009년 4월 "박씨의 글이 공익을 해할 목적이 있었다고 인정되지 않는다"며 무죄를 선고했다. 나아가 헌법재판소는 박씨가 제기한 헌법소원 심판에서 7(위헌) 대 2(합헌)의 압도적 다수 의견으로 전기통신기본법 제47조 1항을 위헌으로 판결했다. 헌법재판소는 "해당 조항의 '공익' 개념이 분명하지 못해 '허위의 통신'이 어떤 목적의 통신인지 분명치 않아 명확성 원칙에 위배된다"면서 "허위사실의 표현이 사회윤리 등에 반한다고 해도 헌법이 규정한 언론·출판의 자유의 보호 영역에 해당한다"고 판시했다.

검찰이 2012년 12월 30일 박씨에 대한 항소를 취하함으로써 박씨는 온갖 고초 끝에 무죄가 최종 확정됐다. 미네르바 사건은 권력이 '공익' 개념을 자의적으로 해석해 얼마든지 악용하고 표현의 자유를 억압할 수 있음을 드러낸 사례로 꼽힌다.

2) 방송통신심의위원회(이하 방심위)*의 자의적 제재

방심위는 2008년 미국 광우병을 보도한 MBC 〈PD 수첩〉, 날치기 미디어법을 보도한 MBC 〈뉴스 후〉와 〈뉴스데스크〉 측에 경고 및 시청자에 대한 사과 등 강력한 제재를 가한 바 있다.

---

* 방송의 공공성, 정보통신의 건전한 문화를 창달하며 올바른 이용 환경을 조성한다는 명목으로 설립된 민간 독립기구이다. 대통령이 3명, 국회의장이 3명, 국회 상임위가 3명을 각각 추천해 총 9명으로 구성되는데, 집권세력 추천 인사가 다수를 점하는 구조라 심의 공정성 시비가 끊이지 않고 있다.

정권에 불리하다 싶은 내용을 내보낸 보도교양 프로그램을 상대로 균형과 공정성을 벗어난 가혹한 심의를 가하는 행태는 세월호 관련 보도에서도 재연됐다. 방심위는 해난구조 전문가를 인터뷰한 JTBC 〈뉴스 9〉를 "검증되지 않은 민간 전문가의 일방적 주장을 장시간 방송했다"는 이유로 제재했다. JTBC의 인터뷰는 사고 초기 정부의 구조 작업이 늦어지자 구조 방식에 대한 해난구조 전문가의 의견을 듣기 위해 마련됐다.

그러나 방심위 여권 측 인사들은 "(정부 대응에 대한) 여론을 악화시키고 구조 작업을 곤란하게 했다"는 편향적인 주장을 하면서 중징계 강행에 앞장섰다. 반면 언론개혁시민연대는 "JTBC 인터뷰는 '피해 상황을 줄이기 위한 정보를 제공해야 한다'는 재난보도 원칙에 어긋남이 없는 일"이라며 "정부 당국과 의견을 달리하는 전문가와 그를 인터뷰하는 방송사를 통제한다는 의혹을 불러 정부에 대한 불신과 사회적 혼란만 가중시킬 우려가 크다"고 비판했다.

방심위의 정치적 심의는 보도교양물뿐 아니라 오락 프로그램을 타깃으로 삼기도 한다. 그 대표적인 사례가 KBS 〈개그콘서트〉를 도마 위에 올린 것이다. 방심위는 2015년 5월 24일 메르스 사태와 관련한 정부 대응을 풍자한 개그콘서트 코너 '민상토론'의 징계를 강행했다. 명목은 "방송심의에 관한 규정 제27조 '품위 유지' 조항을 위반했다"는 것이다. 그 며칠 전 '민상토론'에서는 개그맨 유민상이 "정부의 대처가 빨랐더라면 일이 이렇게까지 커지지 않지 않았을까 안타까운 생각이 든다"고 말하자, 개그맨 박영진이 "그럼 정부의 위기 대처 방식에 점수를 매겨 달라"고 요청했고, 유씨가 답변을 머뭇거리다가 손가락으로 0o 자를 표시하자, 박 씨는 "0점이란 말이죠"라고 말해 웃음을 자아내는 내용 등이 방송됐다.

이에 대해 여당 추천 위원은 "메르스가 누구 책임인지를 떠나 많은 국민이 고통받고 있는데 우스갯소리를 하면서 부적절한 표현을 쓴 것은 시청자에게 불쾌감을 줄 수 있다"면서 "특정인의 인격과 관련한 부적절한 내용이므로 행정지도를 해야 한다"고 주장했다. 야당 추천 위원들은 반대했으나, 여당 측이 수적으로 우세한 방심위는 3대 2 표결로 징계를 강행했다.

이에 한국PD연합회는 성명서를 통해 "민상토론에 대한 징계 사유는 가히 코미디에 가깝다"며 "청와대 권력 일부를 빼고 도대체 민상토론으로 불쾌감을 느낀 시청자가 누가 있는가? 심의위원 개인의 막연한 감으로 징계하는 것이 정당한가? 이야말로 무지막지한 막가파식 폭력이고, 인민재판"이라고 신랄하게 반박했다. 이어 "'민상토론'이 특정하지도 않은 문형표 장관 등 특정인에 대한 인격권 침해라는 말은 더욱 우습다"면서 "이렇게 예능 프로그램에 현미경을 들이대며 신속히 징계하는 방통심의는 종합편성채널의 오보·막말·편파 방송에 대해서는 한없이 느슨한 잣대로 일관하는 편파성을 보인다"고 지적했다. 코미디 프로를 정치적 의도에 따라 멋대로 징계하는 코미디 같은 상황이 군사독재 시절도 아닌 2015년 한국에서 여전히 되풀이되고 있다.

권력의 자의적인 법 적용을 통한 빈번한 표현의 자유 침해는 국제적 평가에서도 잘 드러난다. 언론감시기구인 프리덤하우스는 「2015 세계의 자유 연례 보고서」를 통해 한국이 언론자유지수 33점을 기록, '부분적 언론 자유국partly free'에 해당하는 67위라고 발표했다. 이는 전년도보다 4계단 하락한 것으로 공동 64위를 기록한 칠레, 이탈리아, 나미비아, 나우루보다 낮은 순위다. 23개 항목을 평가해 0~100점으로 산정되는 언론자유지수는 점수가 낮을수록 자유가 보장되는 것을 뜻한다. 1위부터 61위까지가 '언론 자유국', 133위까지 '부분적 자유국', 나머지는 '언론 비자유국'으로 분류된다.

한국은 2002~2010년까지 언론자유국 지위를 누려 왔으나 이후 내리 4년째 이 지위를 상실했다. 2015년의 한국 언론 환경에 대해 프리덤하우스는 "박근혜 정부의 반대파에 대한 위협이 증가하고 세월호 참사 이후 정부 비판 의견에 대한 단속이 이뤄졌다"고 분석했다. 특히 세월호 참사와 관련해 "한국 정부가 온라인에서 이뤄지는 논의를 주기적으로 감시·검열했다"고 지목했다. 표현의 자유라는 필수불가결한 기본권의 제한은 명백하게 필요성이 인정되는 경우에 한해 극도로 신중하게 행사돼야 한다. 헌법 개정을 통해 사상과 표현의 자유를 더욱 굳건히 할 필요가 절실하다.

전 국민이 참여하는
개헌으로

—

개헌 성공 전략

개헌 성공 전략

개헌 추진에는 대전제가 있다. 기본권 중심의 국민 개헌이
돼야 한다는 것이다. 얼마 전 한 언론사 여론조사를 보면
개헌을 찬성하는 국민 3명 중 2명은 "권력구조 외에도
경제 및 사회·인권 사항을 포함해 진반직으로 개헌해야 한다"며
전면적 개헌을 요구하는 것으로 나타났다.
국민 다수의 바람대로 '민생 개헌'에 초점을 맞춰
개헌의 큰 그림을 그려야 한다.

개헌의 시기

기본권 개헌 대상에는 앞에서 다룬 조항들 말고도 생명권, 안전하게 살 권리, 소비자의 권리, 정치적 망명권 등이 있다. 헌법 정신의 본질인 기본권을 중심으로 '87년 체제' 이래 급격히 전개된 시대 변화의 흐름에 맞춰 헌법을 개정할 필요는 여러모로 충분하다. 그렇다면 언제, 어떤 방법으로 개헌을 추진할 것인가.

개헌 시기와 관련해 박근혜 대통령 집권 3년차인 2015년은 총선이나 대선, 지방선거 등 전국 단위 선거가 없는 유일한 해여서 여야가 상대적으로 여유를 갖고 개헌 논의를 벌일 적기임에 틀림없다. 2016년 총선, 2017년 대선, 2018년 동시지방선거 등 급박하게 진행될 정치일정을 고려할 때 이 적기를 넘기면 개헌 이슈는 예년과 마찬가지로 '찻잔 속의 태풍'으로 끝나거나, 아니면 각 정파의 정략적 이해관계만 난무하면서 이전투구로 흐를 가능성이 높다.

청와대가 개헌 논의 불가 입장을 고수하고는 있지만 개헌 찬성론자들이 국회의 다수를 차지하고, 이미 여야 의원 154명이 참여하는 '개헌추진국회의원모임'이 결성돼 있는 만큼 기본적인 여건은 어느 정도 갖춰져 있다.

박근혜 대통령의 '경제 블랙홀' 주장을 중심으로 일각에선 지금 개헌 문제가 화두가 되면 눈앞의 현안인 민생과 경제 살리기에 악영향을 미칠 수 있다고 우려하지만, 이는 근시안적인 단견에 불과하다.

오히려 시의적절한 헌법 개정은 민권과 민생에 활력을 불어넣고 국민통합을 강화함으로써 사회비용을 줄이고 국가 시스템을 더욱 합리적이고 효율적으로 개선시킬 수 있다. 국가 선진화는 결국 국가 경쟁력을 높여 준다.

따라서 헌법 개정에 각별한 사명감을 갖고 흔들림 없이 우직하게 밀고 나갈 수 있는 선도적인 정치세력이 긴요하다. 여야를 가리지 않고 의원들 사이에 폭넓은 공감대가 형성되기를 바라는 심정도 이 책을 쓰는 목적 중 하나다. 기본권 개헌을 위한 선도 그룹이 구축되면 이들이 다른 여야 의원들과 언론, 일반 국민을 상대로 폭넓은 공론화 과정에 돌입해야 한다.

시동을 빨리 걸어야 한다. 28년이나 된 노후한 헌법을 대대적으로 손질하는 작업이니만큼 스케일이 만만치 않다. 헌법학자들의 연구가 축적돼 있다고는 하지만 대부분 권력구조에 집중돼 있고, 기본권 분야의 각론으로 들어가 구체적인 조문까지 도출하려면 의견을 조율하는 데 많은 시간이 걸릴 것이다.

정치권에만 맡겨시는 최수 자체가 어려울지도 모른다. 시동이 길러도 정당별·정파별 이해관계가 달라서 이렇다 할 진척을 보지 못하고 마냥 지체될 가능성도 있다. 관련 시민사회단체들(기본권 개헌 이슈는 인권·여성·남북관계·언론·군·경제민주화 등 각 분야를 전방위적으로 포괄하기 때문에 다수 시민사회단체와 연결고리가 있다)이 모두 뜻을 모아 개헌 착수를 정치권에 압박하고 국민들에게도 호소해야 한다. 연합단체를 만들어 성명서를 내고, 기자회견을 열고, 국회의장과 각 당 대표 및 원내대표를 방문하는 등 다양한 방안을 강구할 수 있을 것이다.

개헌 논의의 중심에 국민이 있어야 하듯 개헌 시기 결정 또한 국민의 힘이 필요하다. 국민의 조직된 힘이 커지고 요구가 강력해질수록 개헌은 앞당겨진다.

기본권 중심 개헌의 단계적 이슈화

개헌 추진에는 대전제가 있다. 이 책의 서론에서 강조한 대로 기본권 중심의 국민 개헌이 돼야 한다는 것이다. 얼마 전 한 언론사의 여론조사 결과를 보면 개헌을 찬성하는 국민 3명 중 2명은 "권력구조 외에도 경제 및 사회·인권 사항을 포함해 전반적으로 개헌해야 한다"며 전면적 개헌을 요구하는 것으로 나타났다. 국민 다수의 바람대로 '민생 개헌'에 초점을 맞춰 개헌의 큰 그림을 그려야 한다.

1987년 개헌의 경우에는 '대통령 직선제'라는 대명제가 있었다. 내 손으로 대통령을 뽑겠다는 국민의 바람이 컸다. 30년 가까운 세월이 흐른 이제는 '인권복지국가' 또는 '여자와 아이들이 살기 좋은 세상'

등 우리 사회의 새로운 청사진을 담은 개헌의 설계도를 다시 제시해야 한다. 특히 국민의 기본권 확장에 대한 관심과 요구를 극대화할 수 있는 구체적이고 선도적인 제안들을 부각시켜 개헌의 주 내용으로 삼아야 지금처럼 '그들만의 잔치'로 공중에 뜬 권력구조 개헌 논의를 국민 속으로 끌어내릴 수 있다.

언론 등을 통한 이슈화 시도는 단계적으로 접근해야 한다. 위에서 거론한 개헌 대상 기본권 항목들이 다 중요하지만, 이를 처음부터 백화점 식으로 제시하는 건 바람직하지 않을 수 있다. 그중 여론의 반응을 효과적으로 이끌어낼 수 있는 선도적 어젠다 몇 가지를 추려 '선택과 집중'을 하는 게 초기엔 효과적이다. 국민들이 자기 생활과 직접 관련이 있겠다고 느낄 수 있는 사항들, 이를테면 남녀 동일 노동 동일임금, 선출직 후보 여성 50% 할당, 가사와 직장생활의 양립을 보장하는 모성보호 조항, 미혼모의 특별한 보호, 어린이집 폭행 등을 방지하기 위한 아동인권 조항 신설, 공무원의 노동3권 보장, SNS 시대의 정보기본권 신설, 군 복무자 기본권 신장, 군사법원 폐지, 양심적 병역거부자 인정 및 대체복무제 도입, 장애인의 실질적 평등권 강화 등을 놓고 핵심적인 제안을 선별해 슬로건화하는 작업이 필요하다.

만약 언론 다수가 적극적으로 나서 준다면 개헌 추진은 큰 힘을 받을 수 있다. 이 책에서 나열한 기본권 이슈들을 모두 소재로 삼아 중장기 시리즈로 다뤄 주는 유력 언론사가 하나라도 나타날 경우 독자들과 정치권, 각 분야 관계자들에 대한 파급 효과가 매우 강력할 것으로 예상한다. 가령 '헌법 개정, 이제는 기본권 개헌이다'라는 타이틀로 매일, 또는 일주일에 한 차례씩 1~2개 지면을 할애해 30회 안

퓨의 대형 연재물로 기획 기사를 내보낸다면 해당 언론사로서도 두고두고 내세울 만한 굵직한 성과물로 남을 것이다. 취재보도 관련 언론상도 다수 수상하게 되지 않을까? 그런 언론사가 등장하기를 간절히 기대한다.

후세를 위한 전범으로 개헌 기록 남기기

헌정사 최초의 잘 정리된 개헌 기록을 남긴다는 목표도 염두에 둬야 한다. 헌법은 대한민국의 최상위법이자 최고 규범임에도 아홉 차례의 개정 과정을 거치며 각 조문이 어떻게 만들어졌는지 논의한 자료가 거의 없다. 제헌국회에서의 독회 자료나 유진오 박사의 회고담 정도가 전해지는 제헌헌법, 개헌 공청회 자료가 남아 있는 제3공화국 헌법이 그나마 사정이 나은 편이다. 제5공화국 헌법은 비교적 최근에 이뤄졌음에도 헌법개정심의위원회 회의록조차 제대로 보관돼 있지 않다. 가장 중요한 요강작성위원회 회의 자료는 회의록을 기록했음에도 이를 공식 문서로 분류해 보존하지 않은 탓에 지금은 다 멸실된 상태라고 한다.

유신헌법처럼 개헌 과정 자체가 철저히 밀실에서 이뤄진 경우, 자료가 남아 있을 리 없다. 가장 모범적이었다는 현행 헌법도 소수 국회의원들이 짧은 기간에 담판식 협상을 통해 합의안을 만든 탓에 논의 내용을 알 수 있는 공식 자료가 거의 없다. 1987년 6월 29일 민정당 노태우 대표가 6·29선언을 한 직후 민정당 윤길중·이한동·권익현·최영철, 민주당 박용만·김동영·이중재·이용희 의원이 8인 정치회담을 구성해 7월 31일부터 9월 16일까지 속전속결로 협상을 완료해 개헌 내용을 합의했다. 이 개정안이 바로 9월 21일 국회에서 통과돼 10월 27일 국민투표로 확정된 것이다. 8인 정치회담 같은 임의 테이블에서 각 조문 심의에 대한 공식 기록이 작성되기를 기대하는 것 자체가 무망하다. 총 아홉 차례 개헌의 논의 기간이 평균 한 달 정도밖에 안 된다고 하니 원초적으로 기록이 부실할 수밖에 없는 건 졸속 논의의 당연한 귀결인지도 모르겠다.

이번 개헌 과정은 충분한 논의 기간을 가지고 회의 내용도 일반 국민에게 상세히 공개해 여론의 조언과 비판을 받아들여야 한다. 그리고 그 과정을 꼼꼼히 기록해 국가기록물로 보존해서 후세에 전해야 한다. 사료적 가치 말고도 앞으로 또 다른 개헌 논의 때 훌륭한 전범典範으로 활용될 수 있을 것이다. 뿐만 아니라 헌법재판소와 법원의 재판에서도 입법 취지 등의 해석을 위한 좋은 자료가 될 것이다.

전 국민이 참여하는 아이슬란드 및 남아공식 '개헌포럼' 구성

개헌 논의는 반드시 일반 국민을 최대한 참여시키는 방식으로 진행해야 한다. 개헌은 국가 100년 대계를 염두에 두고 권력의 원천인 국민의 참여를 통해 추진하는 것이 민주주의와 국민주권주의의 당연한 귀결이다. 하지만 우리 헌정사에서 국민이 개헌의 주체로서 주도적 역할을 한 적은 단 한 번도 없다.

이번에 새로운 모델을 만들어야 한다. 국회 개헌특위의 범주를 넘어 논의 단계에서부터 국민적 동력을 최대한 이끌어낼 수 있어야 한다. 헌법은 모든 국가기관과 국민이 따라야 할 국가의 최고 규범이고, 개정안이 발의돼 일단 공고되년 수정이 불가능하며 국민투표를 통해 가부만 결정할 수 있으므로 개헌안 작성 단계에서 충분한 의견 수렴을 반드시 거쳐야 한다. 국회의원이나 학자 몇 명 모여서 토론하고 국민 의견을 수렴했다고 주장하는 공청회 식으로는 안 된다.

그 수단으로 가칭 '헌법개정범국민포럼(약칭 개헌포럼)' 구성을 검토할 수 있다. 지금까지 국회에서 구성된 몇몇 개헌 관련 기구에는 외부 전문가로서 주로 헌법학자들이 참여했는데, 이번엔 경제·사회·문화·환경·미디어 등 큰 범주에 세부 분과별로 각계각층을 망라하는 보다 광범위한 전문가 그룹과 시민단체 대표들을 참여시켜야 한다.

일반 국민의 경우 직접 참가는 어렵더라도 소셜 미디어를 이용해 인터넷상으로 각종 제안과 비판 등을 제시하는 방식은 얼마든지 가능하다. 네이버 블로그나 다음 카페를 별도로 개설해 운영자를 두고 포럼의 분과별 논의 사항들을 신속하게 업데이트한다면 국민들이 언제든 들어와 읽고 댓글 등의 방법으로 다양한 의견을 교환할 수 있을 것이다. 개헌 카페에는 댓글 외에 게시글도 직접 올릴 수 있도록 하고, 여성·아동·장애인·군사법원 등 주제별 토론마당도 수시로 마련해 시민들의 독자적인 논의 공간으로 만들어 갈 수 있다. 이렇게 하면 자연스럽게 여론이 수렴되고 민간 중심의 논의 구조가 짜여진다. 물론 이런 SNS 상의 시도가 활성화할 수 있도록 선도그룹 의원 또는 시민단체 대표들의 다각도의 기획이 필요하고 이를 위해 실무팀도 가동돼야 한다.

프로세스와 관련해 해외 두 나라의 사례를 참고해 보자. 먼저 아이슬란드 개헌 모델이다. 아이슬란드는 2008년 세계 금융위기를 계기로 개헌에 착수했다. 당시 아이슬란드는 막대한 부채를 떠안은 은행들의 줄도산과 화폐가치 폭락으로 심각한 국가부도 위기를 맞았고, 국민들이 총리와 중앙은행장 사임을 요구하는 대규모 시위를 벌일 정도로 혼란을 겪었다. 아이슬란드 정치권은 위기 타개와 국가 쇄신을 위해 국민들이 참여하는 개헌안을 만들기로 하고 2010년 개헌포럼을 만들었다. 정치권은 개헌 논의 과정을 국민들에게 일일이 공개했으며, 아이슬란드 국민들은 포럼에 참여해 토론을 하거나 페이스북과 트위터 등 SNS를 이용해 다양한 의견을 내놓았다.

이렇게 마련된 개헌안은 역시 일반 시민들로 구성된 헌법심의회에서 심의했으며, 그 과정은 실시간으로 전 국민에게 전달됐다. 심의회는 홈페이지를 통해 진행 상황을 공개했고 국민들은 댓글과 SNS 전파 등을 통해 활발히 의견을 개진했다.

이런 방식으로 2년간의 숙의 끝에 작성된 개헌안 초안은 아이슬란드 경제를 외부 자본의 위협으로부터 보호하는 내용 등을 담고 있었다. 의회에 제출된 이 초안은 2012년 11월 마침내 국민투표에서 찬성 66.3%로 가결됐다. 〈뉴욕타임스〉는 이를 두고 "세계 최초의 집단지성을 통한 개헌 작업"이라고 놀라움을 담아 평가했다. 금융위기 때 회복 불가능할 정도의 국가 채무를 떠안고 분열을 겪던 아이슬란드는 개헌을 진행하며 국민통합을 이뤄내고 범국민적 합의가 담긴 정책들을 시행함으로써 결국 부도 위기를 극복하고 빠른 속도로 경제를 회복했다.*

다음은 헌법 개정의 모범사례로서 세계적으로 인정받는 남아프리카 공화국 모델이다. 남아공은 식민지 경험과 흑백 인종 대립 등 20세

---

* 　김기범, 「SNS로 의견 수렴, 집단지성으로 개헌 '아이슬란드의 조용한 혁명'」, 『경향신문』, 2012년 11월 2일.

기 내내 이어진 심각한 갈등과 분쟁으로 얼룩신 나라였다. 닐슨 만델라는 1994년 대통령 취임 연설에서 "모든 사람이 평등하고 평화롭게, 존엄을 가지고 사는 '무지개 나라Rainbow Nation'를 건설하자"고 선언했다. '무지개 국가론'은 모든 인종·계층·성·종교·언어 등을 아우르겠다는 뜻이다. 그는 피로 얼룩진 과거를 극복하고 용서·화해·포용의 원칙에 따라 새로운 남아공을 건설하겠다는 약속을 천명했다. 그 노력의 결실이 바로 1996년 선포된 현행 '남아프리카공화국 헌법'(일명 만델라 헌법)이다.

개헌 과정을 짚어 보면 이렇다. 우선 1991년 인종차별정책(아파르트헤이트) 철폐 이후 넬슨 만델라가 이끄는 아프리카민족회의ANC와 프레드릭 드 클레르크 대통령이 이끄는 집권 국민당이 헌법 개정 협상에 착수했다. 극단적으로 대립하던 두 흑백 집단은 2년에 걸친 진지한 논의 끝에 1993년 새 헌법을 만들 새 의회 구성에 합의했다.

1994년 4월 대통령에 당선된 만델라의 주도로 헌법 논의가 본격화됐다. 모든 정당·시민단체·사회단체가 논의에 참여했다. 의회는 단계별로 초안이 마련될 때마다 이를 논의 주체들에게 전부 공개했다. 각 세력은 새로운 의견을 첨부해 의회에 제출했다. 시민사회에서 의견이 제출되면 의회는 그 어느 것도 소홀히 하지 않았다. 이 과정에 다시 2년이 걸렸다. 마을과 지역 단위로 조직을 갖추고 있던 ANC는 숙의 과정에 더욱 열정적으로 참여했다. 모든 시민이 참여하고 국가기구는 논의 과정 전체를 투명하게 공개하는 헌법 개정의 전범이었다.*

---

*   안수찬, 「헌법이여, '국가의 의무'를 담아라」, 『한겨레 21』, 2009년 9월 24일.

남아공 헌법 개정은 그 과정 자체가 참여민주주의의 전형을 보여주었고, 그 내용 역시 다른 나라 선진 헌법의 기본권 조항을 발전적으로 수용했다는 점에서 현대 헌법의 모범 사례로 평가받는다. 자유와 평등, 정의와 인권을 강조하는 남아공 헌법의 제정 정신은 헌법 전문에도 잘 나타나 있다.

"우리 남아프리카공화국 국민은 과거의 불의injustice를 인정하고, 우리나라의 정의와 자유를 위해 고통을 당한 이들에게 경의를 표하며, 우리나라를 건국 및 발전시키기 위해 노력한 이들을 존중하는 한편, 남아프리카공화국이 이 나라에 거주하는 모든 이에게 속하며 다양성 속에서 연합함을 확신한다."

우리가 가장 주목해야 할 부분은 남아공 헌법의 성공적 개정이 사회적으로 광범위한 공감대를 토대로 했기 때문에 가능했다는 점이다. 만델라의 리더십도 중요했지만 여야 협상 2년, 국민 의견 수렴 2년 등 충분한 기간을 가지고 최대한 국민적 합의를 이끌어낸 것이 주효했다. 우리에게 강한 시사점을 주는 부분이다.

개헌이 아무리 시급하다 하더라도 역대 개헌 과정처럼 공론화 절차 없이 촉박하게 추진되어서는 안 된다. 아이슬란드와 남아공처럼 전 국민적 관심과 참여를 이끌어낼 방안을 인내심을 갖고 다각도로 강구해야 한다. 정치권 선도 세력이 아이슬란드 및 남아공 대사관을 통해 관련 자료를 최대한 입수해서 사전 연구를 심도 있게 할 필요가 있다. 다소 더디더라도 참여민주주의의 원칙을 지키는 개헌 작업이 돼야 한다. 아이슬란드처럼 초안 마련에만 1년 이상이 걸릴 수도 있고, 남아공의 경우처럼 개헌 완료까지 4년 이상 소요될 수도 있다.

개헌안의 큰 줄기를 가급적 19대 국회 내에 마련하고 2016년 총선에서 기본권 개헌이 주요 이슈가 될 수만 있다면 다행이다.

2017년이면 현행 헌법이 등장한 지 꼭 30년이 된다. 상징적 의미도 감안해 2017년 개헌 달성을 목표로 추진하면 어떨까. 꼭 그해가 아니더라도 20대 국회에서는 기어이 기본권 중심의 헌법 개정이 완수되기를 바라는 마음 간절하다. 이 책이 그 과정에서 밀알이 될 수 있다면 더할 나위 없이 기쁠 것이다.

최악의 모델, 북한 헌법

불행히도 북한 헌법은 국제적으로 최악의 모델을 보여주고 있다. 이는 헌법 전문만 읽어도 알 수 있다. 전문은 국가의 기본 원리와 추구하는 가치 등을 담고 있어 '헌법의 얼굴'이라고도 부른다. 그래서 이를 읽으면 그 나라의 건국 이념(선언적이나마)을 알 수 있다. 대한민국을 비롯해 주요 국가의 헌법 전문을 보자.

우리 헌법은 "유구한 역사와 전통에 빛나는 우리 대한국민은 3·1운동으로 건립된 대한민국임시정부의 법통과 불의에 항거한 4·19 민주이념을 계승하고, 조국의 민주개혁과 평화적 통일의 사명에 입각하여 정의·인도와 동포애로써 민족의 단결을 공고히 하고, 모든 사회적 폐습과 불의를 타파하며…"라고 돼 있다.

미국은 "우리들 합중국 국민은 보다 완벽한 연맹을 형성하고, 정의를 확립하고, 국내의 평화를 보장하고, 국민복지를 증진하고, (…중략…) 우리들과 우리의 후손들에게 자유의 축복을 확보하기 위하여 이 아메리카합중국 헌법을 제정한다"고 했고, 프랑스는 "프랑스 국민은 1789년 인간과 시민의 권리 선언에서 규정되고 1946년 헌법 전문에서 확인·보완된 인권과 국민주권의 원리, 그리고 2004년 환경 헌장에 규정된 권리와 의무를 준수할 것을 엄숙히 선언한다"고 밝힌다.

독일은 "독일 국민은 신과 인류에 대한 책임을 의식하고 세계 평화에 이바지할 의지로 충만하여…"라고 다소 철학적인 이상까지 담고 있으며, 일본은 "항구적 평화를 염원하고 인간 상호 간의 관계를 지배하는 숭고한 이상을 깊이 자각하며, 평화를 사랑하는 모든 국민의 공정과 신의를 신뢰함으로써 우리들의 안전과 생존을 지키고 유지하기를 결의하였다"고 선언한다.

그런데 「조선민주주의인민공화국 사회주의헌법」 전문은 "김일성 동지께서는 영생불멸의 주체사상을 창시하시고… 김일성 동지께서는 주체적인 혁명로선을 내놓으시고… 김일성 동지께서는 국가 건설과 국가 활동의 근본 원칙을 밝히시고… 김일성 동지께서는 '이민위천'을 좌우명으로 삼으시여… 위대한 수령 김일성 동지는 민족의 태양이시며… 위대한 수령 김일성 동지께서는 조선민주주의인민공화국의 대외정책의 기본 리념을 밝히시고… 김일성 동지는 사상리론과 령도예술의 천재이시고…"에서 보듯이, 처음부터 끝까지 '김일성 동지' 찬양이다. 앞서 거론한 그 어느 나라의 헌법과도 전혀 차원이 다르다. 아마 전 세계 헌법에 유례가 없을 것이다.

북한 헌법은 전문 마지막에 그 성격을 이렇게 확고히 규정한다.

　"조선민주주의인민공화국 사회주의 헌법은 위대한 수령 김일성 동지의 주체적인 국가
　건설 사상과 국가 건설 업적을 법화한 김일성헌법이다."

한 나라의 국가 운영 원리와 추구하는 가치를 담고 있는 최상위법을 '김일성헌법'이라 지칭
한다. 근대 국가의 헌법이 마땅히 갖춰야 할 고아한 품격은커녕 최소한의 민주주의 원칙도
상실한 채 시종 개인 우상화의 수단으로 전락해 있는 것이다. 헌법 본문 중 몇몇 조항도 들
여다보자.

　"제21조 국가소유권의 대상에는 제한이 없다. 나라의 모든 자연부원, 철도, 항공운수,
　체신기관과 중요 공장, 기업소, 항만, 은행은 국가만이 소유한다.
　제83조 로동은 공민의 신성한 의무이며 영예이다. 공민은 로동에 자각적으로 성실히
　참가하며 로동규율과 로동시간을 엄격히 지켜야 한다.
　제85조 공민은 언제나 혁명적 경각성을 높이며 국가의 안전을 위하여 몸바쳐 투쟁하여
　야 한다.
　제156조 검찰소(검찰)는 기관, 기업소, 단체와 공민들이 국가의 법을 정확히 지키는가
　를 감시한다.
　제162조 재판소(법원)는 모든 기관, 기업소, 단체와 공민들이 국가의 법을 정확히 지키
　고 계급적 원쑤들과 온갖 법 위반자들을 반대하여 적극 투쟁하도록 한다."

이런 헌법을 최상위법으로 두고 있는 국가의 사회상이 어떨지는 명약관화하다고 할 수
있다.

대한민국 헌법과
해외 선진 헌법

―――

대한민국 · 독일 · 스위스 · 남아프리카공화국

여기에서는 정작 우리나라 헌법임에도 우리가 잘 알지 못하는 대한
민국 헌법 전문과 독일·스위스·남아프리카공화국 헌법 가운데 기
본권 조항들을 발췌하여 실었다. 해외 선진 헌법과 비교해 검토하면
서 우리 헌법이 나아갈 길을 함께 고민하면 좋겠다.

대한민국 헌법

[시행 1988.2.25.] [헌법 제10호, 1987.10.29, 전부개정]

유구한 역사와 전통에 빛나는 우리 대한국민은 3·1운동으로 건립된 대한민국임시정부의 법통과 불의에 항거한 4·19민주이념을 계승하고, 조국의 민주개혁과 평화적 통일의 사명에 입각하여 정의·인도와 동포애로써 민족의 단결을 공고히 하고, 모든 사회적 폐습과 불의를 타파하며, 자율과 조화를 바탕으로 자유민주적 기본질서를 더욱 확고히 하여 정치·경제·사회·문화의 모든 영역에 있어서 각인의 기회를 균등히 하고, 능력을 최고도로 발휘하게 하며, 자유와 권리에 따르는 책임과 의무를 완수하게 하여, 안으로는 국민생활의 균등한 향상을 기하고 밖으로는 항구적인 세계평화와 인류공영에 이바지함으로써 우리들과 우리들의 자손의 안전과 자유와 행복을 영원히 확보할 것을 다짐하면서 1948년 7월 12일에 제정되고 8차에 걸쳐 개정된 헌법을 이제 국회의 의결을 거쳐 국민투표에 의하여 개정한다.

제1장 총강

제1조　　① 대한민국은 민주공화국이다.

　　　　　② 대한민국의 주권은 국민에게 있고, 모든 권력은 국민으로부터 나온다.

제2조　　① 대한민국의 국민이 되는 요건은 법률로 정한다.

　　　　　② 국가는 법률이 정하는 바에 의하여 재외국민을 보호할 의무를 진다.

제3조　　대한민국의 영토는 한반도와 그 부속도서로 한다.

제4조   대한민국은 통일을 지향하며, 자유민주적 기본질서에 입각한
        평화적 통일 정책을 수립하고 이를 추진한다.

제5조   ① 대한민국은 국제평화의 유지에 노력하고 침략적 전쟁을
        부인한다.

        ② 국군은 국가의 안전보장과 국토방위의 신성한 의무를
        수행함을 사명으로 하며, 그 정치적 중립성은 준수된다.

제6조   ① 헌법에 의하여 체결·공포된 조약과 일반적으로 승인된
        국제 법규는 국내법과 같은 효력을 가진다.

        ② 외국인은 국제법과 조약이 정하는 바에 의하여 그 지위가
        보장된다.

제7조   ① 공무원은 국민 전체에 대한 봉사자이며, 국민에 대하여 책
        임을 진다.

        ② 공무원의 신분과 정치적 중립성은 법률이 정하는 바에 의
        하여 보장된다.

제8조   ① 정당의 설립은 자유이며, 복수정당제는 보장된다.

        ② 정당은 그 목적·조직과 활동이 민주적이어야 하며, 국민
        의 정치적 의사 형성에 참여하는 데 필요한 조직을 가져야
        한다.

        ③ 정당은 법률이 정하는 바에 의하여 국가의 보호를 받으며,
        국가는 법률이 정하는 바에 의하여 정당 운영에 필요한 자
        금을 보조할 수 있다.

        ④ 정당의 목적이나 활동이 민주적 기본질서에 위배될 때에
        는 정부는 헌법재판소에 그 해산을 제소할 수 있고, 정당
        은 헌법재판소의 심판에 의하여 해산된다.

제9조   국가는 전통문화의 계승·발전과 민족문화의 창달에 노력하
        여야 한다.

제10조 모든 국민은 인간으로서의 존엄과 가치를 가지며, 행복을 추구할 권리를 가진다. 국가는 개인이 가지는 불가침의 기본적 인권을 확인하고 이를 보장할 의무를 진다.

제11조 ① 모든 국민은 법 앞에 평등하다. 누구든지 성별·종교 또는 사회적 신분에 의하여 정치적·경제적·사회적·문화적 생활의 모든 영역에 있어서 차별을 받지 아니한다.

② 사회적 특수계급의 제도는 인정되지 아니하며, 어떠한 형태로도 이를 창설할 수 없다.

③ 훈장 등의 영전은 이를 받은 자에게만 효력이 있고, 어떠한 특권도 이에 따르지 아니한다.

제12조 ① 모든 국민은 신체의 자유를 가진다. 누구든지 법률에 의하지 아니하고는 체포·구속·압수·수색 또는 심문을 받지 아니하며, 법률과 적법한 절차에 의하지 아니하고는 처벌·보안처분 또는 강제노역을 받지 아니한다.

② 모든 국민은 고문을 받지 아니하며, 형사상 자기에게 불리한 진술을 강요당하지 아니한다.

③ 체포·구속·압수 또는 수색을 할 때에는 적법한 절차에 따라 검사의 신청에 의하여 법관이 발부한 영장을 제시하여야 한다. 다만, 현행 범인인 경우와 장기 3년 이상의 형에 해당하는 죄를 범하고 도피 또는 증거인멸의 염려가 있을 때에는 사후에 영장을 청구할 수 있다.

④ 누구든지 체포 또는 구속을 당한 때에는 즉시 변호인의 조력을 받을 권리를 가진다. 다만, 형사피고인이 스스로 변호인을 구할 수 없을 때에는 법률이 정하는 바에 의하여 국가가 변호인을 붙인다.

⑤ 누구든지 체포 또는 구속의 이유와 변호인의 조력을 받을 권리가 있음을 고지받지 아니하고는 체포 또는 구속을 당하지 아니한다. 체포 또는 구속을 당한 자의 가족 등 법률이 정하는 자에게는 그 이유와 일시·장소가 지체없이 통지되어야 한다.

⑥ 누구든지 체포 또는 구속을 당한 때에는 적부의 심사를 법원에 청구할 권리를 가진다.

⑦ 피고인의 자백이 고문·폭행·협박·구속의 부당한 장기화 또는 기망 기타의 방법에 의하여 자의로 진술된 것이 아니라고 인정될 때 또는 정식 재판에 있어서 피고인의 자백이 그에게 불리한 유일한 증거일 때에는 이를 유죄의 증거로 삼거나 이를 이유로 처벌할 수 없다.

제13조 ① 모든 국민은 행위시의 법률에 의하여 범죄를 구성하지 아니하는 행위로 소추되지 아니하며, 동일한 범죄에 대하여 거듭 처벌받지 아니한다.

② 모든 국민은 소급입법에 의하여 참정권의 제한을 받거나 재산권을 박탈당하지 아니한다.

③ 모든 국민은 자기의 행위가 아닌 친족의 행위로 인하여 불이익한 처우를 받지 아니한다.

제14조 모든 국민은 거주·이전의 자유를 가진다.

제15조 모든 국민은 직업선택의 자유를 가진다.

제16조 모든 국민은 주거의 자유를 침해받지 아니한다. 주거에 대한 압수나 수색을 할 때에는 검사의 신청에 의하여 법관이 발부한 영장을 제시하여야 한다.

제17조 모든 국민은 사생활의 비밀과 자유를 침해받지 아니한다.

제18조 모든 국민은 통신의 비밀을 침해받지 아니한다.

제19조 모든 국민은 양심의 자유를 가진다.

제20조 ① 모든 국민은 종교의 자유를 가진다.

② 국교는 인정되지 아니하며, 종교와 정치는 분리된다.

제21조 ① 모든 국민은 언론·출판의 자유와 집회·결사의 자유를 가진다.

② 언론·출판에 대한 허가나 검열과 집회·결사에 대한 허가는 인정되지 아니한다.

③ 통신·방송의 시설 기준과 신문의 기능을 보장하기 위하여 필요한 사항은 법률로 정한다.

④ 언론·출판은 타인의 명예나 권리 또는 공중도덕이나 사회윤리를 침해하여서는 아니된다. 언론·출판이 타인의 명예나 권리를 침해한 때에는 피해자는 이에 대한 피해의 배상을 청구할 수 있다.

제22조 ① 모든 국민은 학문과 예술의 자유를 가진다.

② 저작자·발명가·과학기술자와 예술가의 권리는 법률로써 보호한다.

제23조 ① 모든 국민의 재산권은 보장된다. 그 내용과 한계는 법률로 정한다.

② 재산권의 행사는 공공복리에 적합하도록 하여야 한다.

③ 공공 필요에 의한 재산권의 수용·사용 또는 제한 및 그에 대한 보상은 법률로써 하되, 정당한 보상을 지급하여야 한다.

제24조 모든 국민은 법률이 정하는 바에 의하여 선거권을 가진다.

제25조 모든 국민은 법률이 정하는 바에 의하여 공무담임권을 가진다.

제26조 ① 모든 국민은 법률이 정하는 바에 의하여 국가기관에 문서로 청원할 권리를 가진다.

② 국가는 청원에 대하여 심사할 의무를 진다.

제27조 ① 모든 국민은 헌법과 법률이 정한 법관에 의하여 법률에 의한 재판을 받을 권리를 가진다.

② 군인 또는 군무원이 아닌 국민은 대한민국의 영역 안에서는 중대한 군사상 기밀·초병·초소·유독음식물공급·포로·군용물에 관한 죄 중 법률이 정한 경우와 비상계엄이 선포된 경우를 제외하고는 군사법원의 재판을 받지 아니한다.

③ 모든 국민은 신속한 재판을 받을 권리를 가진다. 형사피고인은 상당한 이유가 없는 한 지체없이 공개재판을 받을 권리를 가진다.

④ 형사피고인은 유죄의 판결이 확정될 때까지는 무죄로 추정된다.

⑤ 형사피해자는 법률이 정하는 바에 의하여 당해 사건의 재판절차에서 진술할 수 있다.

제28조 형사피의자 또는 형사피고인으로서 구금되었던 자가 법률이 정하는 불기소처분을 받거나 무죄판결을 받은 때에는 법률이 정하는 바에 의하여 국가에 정당한 보상을 청구할 수 있다.

제29조 ① 공무원의 직무상 불법행위로 손해를 받은 국민은 법률이 정하는 바에 의하여 국가 또는 공공단체에 정당한 배상을 청구할 수 있다. 이 경우 공무원 자신의 책임은 면제되지 아니한다.

② 군인·군무원·경찰공무원 기타 법률이 정하는 자가 전투·훈련 등 직무 집행과 관련하여 받은 손해에 대하여는 법률이 정하는 보상외에 국가 또는 공공단체에 공무원의 직무상 불법행위로 인한 배상은 청구할 수 없다.

제30조 타인의 범죄행위로 인하여 생명·신체에 대한 피해를 받은 국민은 법률이 정하는 바에 의하여 국가로부터 구조를 받을 수 있다.

제31조 ① 모든 국민은 능력에 따라 균등하게 교육을 받을 권리를 가진다.

② 모든 국민은 그 보호하는 자녀에게 적어도 초등교육과 법률이 정하는 교육을 받게 할 의무를 진다.

③ 의무교육은 무상으로 한다.

④ 교육의 자주성·전문성·정치적 중립성 및 대학의 자율성은 법률이 정하는 바에 의하여 보장된다.

⑤ 국가는 평생교육을 진흥하여야 한다.

⑥ 학교교육 및 평생교육을 포함한 교육제도와 그 운영, 교육재정 및 교원의 지위에 관한 기본적인 사항은 법률로 정한다.

제32조 ① 모든 국민은 근로의 권리를 가진다. 국가는 사회적·경제적 방법으로 근로자의 고용의 증진과 적정임금의 보장에 노력하여야 하며, 법률이 정하는 바에 의하여 최저임금제를 시행하여야 한다.

② 모든 국민은 근로의 의무를 진다. 국가는 근로의 의무의 내용과 조건을 민주주의 원칙에 따라 법률로 정한다.

③ 근로조건의 기준은 인간의 존엄성을 보장하도록 법률로 정한다.

④ 여자의 근로는 특별한 보호를 받으며, 고용·임금 및 근로조건에 있어서 부당한 차별을 받지 아니한다.

⑤ 연소자의 근로는 특별한 보호를 받는다.

⑥ 국가유공자·상이군경 및 전몰군경의 유가족은 법률이 정하는 바에 의하여 우선적으로 근로의 기회를 부여받는다.

제33조 ① 근로자는 근로조건의 향상을 위하여 자주적인 단결권·단체교섭권 및 단체행동권을 가진다.

② 공무원인 근로자는 법률이 정하는 자에 한하여 단결권·단체교섭권 및 단체행동권을 가진다.

③ 법률이 정하는 주요 방위산업체에 종사하는 근로자의 단

체행동권은 법률이 정하는 바에 의하여 이를 제한하거나 인정하지 아니할 수 있다.

제34조 ① 모든 국민은 인간다운 생활을 할 권리를 가진다.

② 국가는 사회보장·사회복지의 증진에 노력할 의무를 진다.

③ 국가는 여자의 복지와 권익의 향상을 위하여 노력하여야 한다.

④ 국가는 노인과 청소년의 복지향상을 위한 정책을 실시할 의무를 진다.

⑤ 신체장애자 및 질병·노령 기타의 사유로 생활능력이 없는 국민은 법률이 정하는 바에 의하여 국가의 보호를 받는다.

⑥ 국가는 재해를 예방하고 그 위험으로부터 국민을 보호하기 위하여 노력하여야 한다.

제35조 ① 모든 국민은 건강하고 쾌적한 환경에서 생활할 권리를 가지며, 국가와 국민은 환경보전을 위하여 노력하여야 한다.

② 환경권의 내용과 행사에 관하여는 법률로 정한다.

③ 국가는 주택개발정책 등을 통하여 모든 국민이 쾌적한 주거생활을 할 수 있도록 노력하여야 한다.

제36조 ① 혼인과 가족생활은 개인의 존엄과 양성의 평등을 기초로 성립되고 유지되어야 하며, 국가는 이를 보장한다.

② 국가는 모성의 보호를 위하여 노력하여야 한다.

③ 모든 국민은 보건에 관하여 국가의 보호를 받는다.

제37조 ① 국민의 자유와 권리는 헌법에 열거되지 아니한 이유로 경시되지 아니한다.

② 국민의 모든 자유와 권리는 국가안전보장·질서유지 또는 공공복리를 위하여 필요한 경우에 한하여 법률로써 제한할 수 있으며, 제한하는 경우에도 자유와 권리의 본질적인 내용을 침해할 수 없다.

제38조　모든 국민은 법률이 정하는 바에 의하여 납세의 의무를 진다.

제39조　① 모든 국민은 법률이 정하는 바에 의하여 국방의 의무를 진다.

　　　　② 누구든지 병역의무의 이행으로 인하여 불이익한 처우를 받지 아니한다.

제3장 국회

제40조　입법권은 국회에 속한다.

제41조　① 국회는 국민의 보통·평등·직접·비밀선거에 의하여 선출된 국회의원으로 구성한다.

　　　　② 국회의원의 수는 법률로 정하되, 200인 이상으로 한다.

　　　　③ 국회의원의 선거구와 비례대표제 기타 선거에 관한 사항은 법률로 정한다.

제42조　국회의원의 임기는 4년으로 한다.

제43조　국회의원은 법률이 정하는 직을 겸할 수 없다.

제44조　① 국회의원은 현행 범인인 경우를 제외하고는 회기 중 국회의 동의 없이 체포 또는 구금되지 아니한다.

　　　　② 국회의원이 회기 전에 체포 또는 구금된 때에는 현행 범인이 아닌 한 국회의 요구가 있으면 회기 중 석방된다.

제45조　국회의원은 국회에서 직무상 행한 발언과 표결에 관하여 국회 외에서 책임을 지지 아니한다.

제46조　① 국회의원은 청렴의 의무가 있다.

　　　　② 국회의원은 국가 이익을 우선하여 양심에 따라 직무를 행한다.

　　　　③ 국회의원은 그 지위를 남용하여 국가·공공단체 또는 기업체와의 계약이나 그 처분에 의하여 재산상의 권리·이익 또는 직위를 취득하거나 타인을 위하여 그 취득을 알선할

수 없다.

제47조 ① 국회의 정기회는 법률이 정하는 바에 의하여 매년 1회 집회되며, 국회의 임시회는 대통령 또는 국회 재적의원 4분의 1 이상의 요구에 의하여 집회된다.

② 정기회의 회기는 100일을, 임시회의 회기는 30일을 초과할 수 없다.

③ 대통령이 임시회의 집회를 요구할 때에는 기간과 집회 요구의 이유를 명시하여야 한다.

제48조 국회는 의장 1인과 부의장 2인을 선출한다.

제49조 국회는 헌법 또는 법률에 특별한 규정이 없는 한 재적의원 과반수의 출석과 출석의원 과반수의 찬성으로 의결한다. 가부동수인 때에는 부결된 것으로 본다.

제50조 ① 국회의 회의는 공개한다. 다만, 출석의원 과반수의 찬성이 있거나 의장이 국가의 안전보장을 위하여 필요하다고 인정할 때에는 공개하지 아니할 수 있다.

② 공개하지 아니한 회의 내용의 공표에 관하여는 법률이 정하는 바에 의한다.

제51조 국회에 제출된 법률안 기타의 의안은 회기 중에 의결되지 못한 이유로 폐기되지 아니한다. 다만, 국회의원의 임기가 만료된 때에는 그러하지 아니하다.

제52조 국회의원과 정부는 법률안을 제출할 수 있다.

제53조 ① 국회에서 의결된 법률안은 정부에 이송되어 15일 이내에 대통령이 공포한다.

② 법률안에 이의가 있을 때에는 대통령은 제1항의 기간 내에 이의서를 붙여 국회로 환부하고, 그 재의를 요구할 수 있다. 국회의 폐회 중에도 또한 같다.

③ 대통령은 법률안의 일부에 대하여 또는 법률안을 수정하

여 재의를 요구할 수 없다.

④ 재의의 요구가 있을 때에는 국회는 재의에 붙이고, 재적의원 과반수의 출석과 출석의원 3분의 2 이상의 찬성으로 전과 같은 의결을 하면 그 법률안은 법률로서 확정된다.

⑤ 대통령이 제1항의 기간 내에 공포나 재의의 요구를 하지 아니한 때에도 그 법률안은 법률로서 확정된다.

⑥ 대통령은 제4항과 제5항의 규정에 의하여 확정된 법률을 지체없이 공포하여야 한다. 제5항에 의하여 법률이 확정된 후 또는 제4항에 의한 확정법률이 정부에 이송된 후 5일 이내에 대통령이 공포하지 아니할 때에는 국회의장이 이를 공포한다.

⑦ 법률은 특별한 규정이 없는 한 공포한 날로부터 20일을 경과함으로써 효력을 발생한다.

제54조 ① 국회는 국가의 예산안을 심의·확정한다.

② 정부는 회계연도마다 예산안을 편성하여 회계연도 개시 90일 전까지 국회에 제출하고, 국회는 회계연도 개시 30일 전까지 이를 의결하여야 한다.

③ 새로운 회계연도가 개시될 때까지 예산안이 의결되지 못한 때에는 정부는 국회에서 예산안이 의결될 때까지 다음의 목적을 위한 경비는 전년도 예산에 준하여 집행할 수 있다.

1. 헌법이나 법률에 의하여 설치된 기관 또는 시설의 유지·운영

2. 법률상 지출 의무의 이행

3. 이미 예산으로 승인된 사업의 계속

제55조 ① 한 회계연도를 넘어 계속하여 지출할 필요가 있을 때에는 정부는 연한을 정하여 계속비로서 국회의 의결을 얻어야 한다.

② 예비비는 총액으로 국회의 의결을 얻어야 한다. 예비비의
　　지출은 차기 국회의 승인을 얻어야 한다.

제56조　정부는 예산에 변경을 가할 필요가 있을 때에는 추가경정예
　　산안을 편성하여 국회에 제출할 수 있다.

제57조　국회는 정부의 동의 없이 정부가 제출한 지출 예산 각항의 금
　　액을 증가하거나 새 비목을 설치할 수 없다.

제58조　국채를 모집하거나 예산 외에 국가의 부담이 될 계약을 체결
　　하려 할 때에는 정부는 미리 국회의 의결을 얻어야 한다.

제59조　조세의 종목과 세율은 법률로 정한다.

제60조　① 국회는 상호원조 또는 안전보장에 관한 조약, 중요한 국제
　　조직에 관한 조약, 우호통상항해조약, 주권의 제약에 관한
　　조약, 강화조약, 국가나 국민에게 중대한 재정적 부담을 지
　　우는 조약 또는 입법사항에 관한 조약의 체결·비준에 대
　　한 동의권을 가진다.

　　② 국회는 선전포고, 국군의 외국에의 파견 또는 외국 군대의
　　대한민국 영역 안에서의 주류에 대한 동의권을 가진다.

제61조　① 국회는 국정을 감사하거나 특정한 국정사안에 대하여 조
　　사할 수 있으며, 이에 필요한 서류의 제출 또는 증인의 출
　　석과 증언이나 의견의 진술을 요구할 수 있다.

　　② 국정감사 및 조사에 관한 절차 기타 필요한 사항은 법률로
　　정한다.

제62조　① 국무총리·국무위원 또는 정부위원은 국회나 그 위원회에
　　출석하여 국정처리 상황을 보고하거나 의견을 진술하고
　　질문에 응답할 수 있다.

　　② 국회나 그 위원회의 요구가 있을 때에는 국무총리·국무위
　　원 또는 정부위원은 출석·답변하여야 하며, 국무총리 또는
　　국무위원이 출석요구를 받은 때에는 국무위원 또는 정부

위원으로 하여금 출석·답변하게 할 수 있다.

제63조　① 국회는 국무총리 또는 국무위원의 해임을 대통령에게 건의할 수 있다.

② 제1항의 해임 건의는 국회 재적의원 3분의 1 이상의 발의에 의하여 국회 재적의원 과반수의 찬성이 있어야 한다.

제64조　① 국회는 법률에 저촉되지 아니하는 범위 안에서 의사와 내부규율에 관한 규칙을 제정할 수 있다.

② 국회는 의원의 자격을 심사하며, 의원을 징계할 수 있다.

③ 의원을 제명하려면 국회 재적의원 3분의 2 이상의 찬성이 있어야 한다.

④ 제2항과 제3항의 처분에 대하여는 법원에 제소할 수 없다.

제65조　① 대통령·국무총리·국무위원·행정 각부의 장·헌법재판소 재판관·법관·중앙선거관리위원회 위원·감사원장·감사위원 기타 법률이 정한 공무원이 그 직무집행에 있어서 헌법이나 법률을 위배한 때에는 국회는 탄핵의 소추를 의결할 수 있다.

② 제1항의 탄핵소추는 국회 재적의원 3분의 1 이상의 발의가 있어야 하며, 그 의결은 국회 재적의원 과반수의 찬성이 있어야 한다. 다만, 대통령에 대한 탄핵소추는 국회 재적의원 과반수의 발의와 국회 재적의원 3분의 2 이상의 찬성이 있어야 한다.

③ 탄핵소추의 의결을 받은 자는 탄핵심판이 있을 때까지 그 권한행사가 정지된다.

④ 탄핵결정은 공직으로부터 파면함에 그친다. 그러나, 이에 의하여 민사상이나 형사상의 책임이 면제되지는 아니한다.

제4장 정부

제1절 대통령

제66조 ① 대통령은 국가의 원수이며, 외국에 대하여 국가를 대표한다.

② 대통령은 국가의 독립·영토의 보전·국가의 계속성과 헌법을 수호할 책무를 진다.

③ 대통령은 조국의 평화적 통일을 위한 성실한 의무를 진다.

④ 행정권은 대통령을 수반으로 하는 정부에 속한다.

제67조 ① 대통령은 국민의 보통·평등·직접·비밀선거에 의하여 선출한다.

② 제1항의 선거에 있어서 최고득표자가 2인 이상인 때에는 국회의 재적의원 과반수가 출석한 공개회의에서 다수표를 얻은 자를 당선자로 한다.

③ 대통령후보자가 1인일 때에는 그 득표수가 선거권자 총수의 3분의 1 이상이 아니면 대통령으로 당선될 수 없다.

④ 대통령으로 선거될 수 있는 자는 국회의원의 피선거권이 있고 선거일 현재 40세에 달하여야 한다.

⑤ 대통령의 선거에 관한 사항은 법률로 정한다.

제68조 ① 대통령의 임기가 만료되는 때에는 임기 만료 70일 내지 40일 전에 후임자를 선거한다.

② 대통령이 궐위된 때 또는 대통령 당선자가 사망하거나 판결 기타의 사유로 그 자격을 상실한 때에는 60일 이내에 후임자를 선거한다.

제69조 대통령은 취임에 즈음하여 다음의 선서를 한다.

"나는 헌법을 준수하고 국가를 보위하며 조국의 평화적 통일과 국민의 자유와 복리의 증진 및 민족문화의 창달에 노력하여 대통령으로서의 직책을 성실히 수행할 것을 국민 앞에 엄숙히 선서합니다."

제70조 대통령의 임기는 5년으로 하며, 중임할 수 없다.

제71조 대통령이 궐위되거나 사고로 인하여 직무를 수행할 수 없을 때에는 국무총리, 법률이 정한 국무위원의 순서로 그 권한을 대행한다.

제72조 대통령은 필요하다고 인정할 때에는 외교·국방·통일 기타 국가안위에 관한 중요 정책을 국민투표에 붙일 수 있다.

제73조 대동령은 조약을 체결·비준하고, 외교사절을 신임·접수 또는 파견하며, 선전포고와 강화를 한다.

제74조 ① 대통령은 헌법과 법률이 정하는 바에 의하여 국군을 통수한다.

② 국군의 조직과 편성은 법률로 정한다.

제75조 대통령은 법률에서 구체적으로 범위를 정하여 위임받은 사항과 법률을 집행하기 위하여 필요한 사항에 관하여 대통령령을 발할 수 있다.

제76조 ① 대통령은 내우·외환·천재·지변 또는 중대한 재정·경제상의 위기에 있어서 국가의 안전보장 또는 공공의 안녕질서를 유지하기 위하여 긴급한 조치가 필요하고 국회의 집회를 기다릴 여유가 없을 때에 한하여 최소한으로 필요한 재정·경제상의 처분을 하거나 이에 관하여 법률의 효력을 가지는 명령을 발할 수 있다.

② 대통령은 국가의 안위에 관계되는 중대한 교전상태에 있어서 국가를 보위하기 위하여 긴급한 조치가 필요하고 국회의 집회가 불가능한 때에 한하여 법률의 효력을 가지는 명령을 발할 수 있다.

③ 대통령은 제1항과 제2항의 처분 또는 명령을 한 때에는 지체없이 국회에 보고하여 그 승인을 얻어야 한다.

④ 제3항의 승인을 얻지 못한 때에는 그 처분 또는 명령은 그

때부터 효력을 상실한다. 이 경우 그 명령에 의하여 개정 또는 폐지되었던 법률은 그 명령이 승인을 얻지 못한 때부터 당연히 효력을 회복한다.

⑤ 대통령은 제3항과 제4항의 사유를 지체없이 공포하여야 한다.

제77조 ① 대통령은 전시·사변 또는 이에 준하는 국가비상사태에 있어서 병력으로써 군사상의 필요에 응하거나 공공의 안녕질서를 유지할 필요가 있을 때에는 법률이 정하는 바에 의하여 계엄을 선포할 수 있다.

② 계엄은 비상계엄과 경비계엄으로 한다.

③ 비상계엄이 선포된 때에는 법률이 정하는 바에 의하여 영장제도, 언론·출판·집회·결사의 자유, 정부나 법원의 권한에 관하여 특별한 조치를 할 수 있다.

④ 계엄을 선포한 때에는 대통령은 지체없이 국회에 통고하여야 한다.

⑤ 국회가 재적의원 과반수의 찬성으로 계엄의 해제를 요구한 때에는 대통령은 이를 해제하여야 한다.

제78조 대통령은 헌법과 법률이 정하는 바에 의하여 공무원을 임면한다.

제79조 ① 대통령은 법률이 정하는 바에 의하여 사면·감형 또는 복권을 명할 수 있다.

② 일반사면을 명하려면 국회의 동의를 얻어야 한다.

③ 사면·감형 및 복권에 관한 사항은 법률로 정한다.

제80조 대통령은 법률이 정하는 바에 의하여 훈장 기타의 영전을 수여한다.

제81조 대통령은 국회에 출석하여 발언하거나 서한으로 의견을 표시할 수 있다.

제82조　대통령의 국법상 행위는 문서로써 하며, 이 문서에는 국무총리와 관계 국무위원이 부서한다. 군사에 관한 것도 또한 같다.

제83조　대통령은 국무총리·국무위원·행정각부의 장 기타 법률이 정하는 공사의 직을 겸할 수 없다.

제84조　대통령은 내란 또는 외환의 죄를 범한 경우를 제외하고는 재직중 형사상의 소추를 받지 아니한다.

제85조　전직 대통령의 신분과 예우에 관하여는 법률로 정한다.

제2절 행정부

제1관 국무총리와 국무위원

제86조　① 국무총리는 국회의 동의를 얻어 대통령이 임명한다.

　　　　② 국무총리는 대통령을 보좌하며, 행정에 관하여 대통령의 명을 받아 행정각부를 통할한다.

　　　　③ 군인은 현역을 면한 후가 아니면 국무총리로 임명될 수 없다.

제87조　① 국무위원은 국무총리의 제청으로 대통령이 임명한다.

　　　　② 국무위원은 국정에 관하여 대통령을 보좌하며, 국무회의의 구성원으로서 국정을 심의한다.

　　　　③ 국무총리는 국무위원의 해임을 대통령에게 건의할 수 있다.

　　　　④ 군인은 현역을 면한 후가 아니면 국무위원으로 임명될 수 없다.

제2관 국무회의

제88조　① 국무회의는 정부의 권한에 속하는 중요한 정책을 심의한다.

　　　　② 국무회의는 대통령·국무총리와 15인 이상 30인 이하의 국무위원으로 구성한다.

③ 내동령은 국무회의의 의장이 되고, 국무총리는 부의장이 된다.

제89조 다음 사항은 국무회의의 심의를 거쳐야 한다.

1. 국정의 기본계획과 정부의 일반정책

2. 선전·강화 기타 중요한 대외정책

3. 헌법개정안·국민투표안·조약안·법률안 및 대통령령안

4. 예산안·결산·국유재산처분의 기본계획·국가의 부담이 될 계약 기타 재정에 관한 중요사항

5. 대통령의 긴급명령·긴급재정경제처분 및 명령 또는 계엄과 그 해제

6. 군사에 관한 중요사항

7. 국회의 임시회 집회의 요구

8. 영전 수여

9. 사면·감형과 복권

10. 행정각부간의 권한의 획정

11. 정부안의 권한의 위임 또는 배정에 관한 기본계획

12. 국정처리상황의 평가·분석

13. 행정각부의 중요한 정책의 수립과 조정

14. 정당해산의 제소

15. 정부에 제출 또는 회부된 정부의 정책에 관계되는 청원의 심사

16. 검찰총장·합동참모의장·각군참모총장·국립대학교총장·대사 기타 법률이 정한 공무원과 국영기업체관리자의 임명

17. 기타 대통령·국무총리 또는 국무위원이 제출한 사항

제90조 ① 국정의 중요한 사항에 관한 대통령의 자문에 응하기 위하여 국가원로로 구성되는 국가원로자문회의를 둘 수 있다.

② 국가원로자문회의의 의장은 직전대통령이 된다. 다만, 직전대통령이 없을 때에는 대통령이 지명한다.

③ 국가원로자문회의의 조직·직무범위 기타 필요한 사항은 법률로 정한다.

제91조 ① 국가안전보장에 관련되는 대외정책·군사정책과 국내정책의 수립에 관하여 국무회의의 심의에 앞서 대통령의 자문에 응하기 위하여 국가안전보장회의를 둔다.

② 국가안전보장회의는 대통령이 주재한다.

③ 국가안전보장회의의 조직·직무범위 기타 필요한 사항은 법률로 정한다.

제92조 ① 평화통일정책의 수립에 관한 대통령의 자문에 응하기 위하여 민주평화통일자문회의를 둘 수 있다.

② 민주평화통일자문회의의 조직·직무범위 기타 필요한 사항은 법률로 정한다.

제93조 ① 국민경제의 발전을 위한 중요정책의 수립에 관하여 대통령의 자문에 응하기 위하여 국민경제자문회의를 둘 수 있다.

② 국민경제자문회의의 조직·직무범위 기타 필요한 사항은 법률로 정한다.

제3관 행정각부

제94조 행정각부의 장은 국무위원 중에서 국무총리의 제청으로 대통령이 임명한다.

제95조 국무총리 또는 행정각부의 장은 소관사무에 관하여 법률이나 대통령령의 위임 또는 직권으로 총리령 또는 부령을 발할 수 있다.

제96조 행정각부의 설치·조직과 직무범위는 법률로 정한다.

제4관 감사원

제97조 국가의 세입·세출의 결산, 국가 및 법률이 정한 단체의 회계

검사와 행정기관 및 공무원의 직무에 관한 감찰을 하기 위하여 대통령 소속하에 감사원을 둔다.

제98조 ① 감사원은 원장을 포함한 5인 이상 11인 이하의 감사위원으로 구성한다.

② 원장은 국회의 동의를 얻어 대통령이 임명하고, 그 임기는 4년으로 하며, 1차에 한하여 중임할 수 있다.

③ 감사위원은 원장의 제청으로 대통령이 임명하고, 그 임기는 4년으로 하며, 1차에 한하여 중임할 수 있다.

제99조 감사원은 세입·세출의 결산을 매년 검사하여 대통령과 차년도국회에 그 결과를 보고하여야 한다.

제100조 감사원의 조직·직무범위·감사위원의 자격·감사대상 공무원의 범위 기타 필요한 사항은 법률로 정한다.

제5장 법원

제101조 ① 사법권은 법관으로 구성된 법원에 속한다.

② 법원은 최고법원인 대법원과 각급법원으로 조직된다.

③ 법관의 자격은 법률로 정한다.

제102조 ① 대법원에 부를 둘 수 있다.

② 대법원에 대법관을 둔다. 다만, 법률이 정하는 바에 의하여 대법관이 아닌 법관을 둘 수 있다.

③ 대법원과 각급법원의 조직은 법률로 정한다.

제103조 법관은 헌법과 법률에 의하여 그 양심에 따라 독립하여 심판한다.

제104조 ① 대법원장은 국회의 동의를 얻어 대통령이 임명한다.

② 대법관은 대법원장의 제청으로 국회의 동의를 얻어 대통령이 임명한다.

③ 대법원장과 대법관이 아닌 법관은 대법관회의의 동의를

얼어 대법원장이 임명한다.

제105조 ① 대법원장의 임기는 6년으로 하며, 중임할 수 없다.

② 대법관의 임기는 6년으로 하며, 법률이 정하는 바에 의하여 연임할 수 있다.

③ 대법원장과 대법관이 아닌 법관의 임기는 10년으로 하며, 법률이 정하는 바에 의하여 연임할 수 있다.

④ 법관의 정년은 법률로 정한다.

제106조 ① 법관은 탄핵 또는 금고 이상의 형의 선고에 의하지 아니하고는 파면되지 아니하며, 징계처분에 의하지 아니하고는 정직·감봉 기타 불리한 처분을 받지 아니한다.

② 법관이 중대한 심신상의 장해로 직무를 수행할 수 없을 때에는 법률이 정하는 바에 의하여 퇴직하게 할 수 있다.

제107조 ① 법률이 헌법에 위반되는 여부가 재판의 전제가 된 경우에는 법원은 헌법재판소에 제청하여 그 심판에 의하여 재판한다.

② 명령·규칙 또는 처분이 헌법이나 법률에 위반되는 여부가 재판의 전제가 된 경우에는 대법원은 이를 최종적으로 심사할 권한을 가진다.

③ 재판의 전심 절차로서 행정심판을 할 수 있다. 행정심판의 절차는 법률로 정하되, 사법절차가 준용되어야 한다.

제108조 대법원은 법률에 저촉되지 아니하는 범위 안에서 소송에 관한 절차, 법원의 내부규율과 사무처리에 관한 규칙을 제정할 수 있다.

제109조 재판의 심리와 판결은 공개한다. 다만, 심리는 국가의 안전보장 또는 안녕질서를 방해하거나 선량한 풍속을 해할 염려가 있을 때에는 법원의 결정으로 공개하지 아니할 수 있다.

제110조 ① 군사재판을 관할하기 위하여 특별법원으로서 군사법원을 둘 수 있다.

② 군사법원의 상고심은 대법원에서 관할한다.

③ 군사법원의 조직·권한 및 재판관의 자격은 법률로 정한다.

④ 비상계엄하의 군사재판은 군인·군무원의 범죄나 군사에 관한 간첩죄의 경우와 초병·초소·유독음식물 공급·포로에 관한 죄 중 법률이 정한 경우에 한하여 단심으로 할 수 있다. 다만, 사형을 선고한 경우에는 그러하지 아니하다.

제6장 헌법재판소

제111조 ① 헌법재판소는 다음 사항을 관장한다.

1. 법원의 제청에 의한 법률의 위헌 여부 심판

2. 탄핵의 심판

3. 정당의 해산 심판

4. 국가기관 상호간, 국가기관과 지방자치단체간 및 지방자치단체 상호간의 권한쟁의에 관한 심판

5. 법률이 정하는 헌법소원에 관한 심판

② 헌법재판소는 법관의 자격을 가진 9인의 재판관으로 구성하며, 재판관은 대통령이 임명한다.

③ 제2항의 재판관 중 3인은 국회에서 선출하는 자를, 3인은 대법원장이 지명하는 자를 임명한다.

④ 헌법재판소의 장은 국회의 동의를 얻어 재판관 중에서 대통령이 임명한다.

제112조 ① 헌법재판소 재판관의 임기는 6년으로 하며, 법률이 정하는 바에 의하여 연임할 수 있다.

② 헌법재판소 재판관은 정당에 가입하거나 정치에 관여할 수 없다.

③ 헌법재판소 재판관은 탄핵 또는 금고 이상의 형의 선고에 의하지 아니하고는 파면되지 아니한다.

제113조 ① 헌법재판소에서 법률의 위헌결정, 탄핵의 결정, 정당해산
의 결정 또는 헌법소원에 관한 인용결정을 할 때에는 재판
관 6인 이상의 찬성이 있어야 한다.

② 헌법재판소는 법률에 저촉되지 아니하는 범위 안에서 심판
에 관한 절차, 내부규율과 사무처리에 관한 규칙을 제정할
수 있다.

③ 헌법새판소의 소직과 운영 기타 필요한 사항은 법률로
정한다.

제7장 선거관리

제114조 ① 선거와 국민투표의 공정한 관리 및 정당에 관한 사무를
처리하기 위하여 선거관리위원회를 둔다.

② 중앙선거관리위원회는 대통령이 임명하는 3인, 국회에서
선출하는 3인과 대법원장이 지명하는 3인의 위원으로 구
성한다. 위원장은 위원 중에서 호선한다.

③ 위원의 임기는 6년으로 한다.

④ 위원은 정당에 가입하거나 정치에 관여할 수 없다.

⑤ 위원은 탄핵 또는 금고 이상의 형의 선고에 의하지 아니하
고는 파면되지 아니한다.

⑥ 중앙선거관리위원회는 법령의 범위안에서 선거관리·국민
투표관리 또는 정당사무에 관한 규칙을 제정할 수 있으며,
법률에 저촉되지 아니하는 범위 안에서 내부규율에 관한
규칙을 제정할 수 있다.

⑦ 각급 선거관리위원회의 조직·직무범위 기타 필요한 사항
은 법률로 정한다.

제115조 ① 각급 선거관리위원회는 선거인명부의 작성 등 선거 사무

와 국민투표 사무에 관하여 관계 행정기관에 필요한 지시를 할 수 있다.

② 제1항의 지시를 받은 당해 행정기관은 이에 응하여야 한다.

제116조 ① 선거운동은 각급 선거관리위원회의 관리하에 법률이 정하는 범위 안에서 하되, 균등한 기회가 보장되어야 한다.

② 선거에 관한 경비는 법률이 정하는 경우를 제외하고는 정당 또는 후보자에게 부담시킬 수 없다.

제8장 지방자치

제117조 ① 지방자치단체는 주민의 복리에 관한 사무를 처리하고 재산을 관리하며, 법령의 범위 안에서 자치에 관한 규정을 제정할 수 있다.

② 지방자치단체의 종류는 법률로 정한다.

제118조 ① 지방자치단체에 의회를 둔다.

② 지방의회의 조직·권한·의원선거와 지방자치단체의 장의 선임 방법 기타 지방자치단체의 조직과 운영에 관한 사항은 법률로 정한다.

제9장 경제

제119조 ① 대한민국의 경제질서는 개인과 기업의 경제상의 자유와 창의를 존중함을 기본으로 한다.

② 국가는 균형 있는 국민경제의 성장 및 안정과 적정한 소득의 분배를 유지하고, 시장의 지배와 경제력의 남용을 방지하며, 경제주체 간의 조화를 통한 경제의 민주화를 위하여 경제에 관한 규제와 조정을 할 수 있다.

제120조 ① 광물 기타 중요한 지하자원·수산자원·수력과 경제상 이

용할 수 있는 자연력은 법률이 정하는 바에 의하여 일정한 기간 그 채취·개발 또는 이용을 특허할 수 있다.

② 국토와 자원은 국가의 보호를 받으며, 국가는 그 균형 있는 개발과 이용을 위하여 필요한 계획을 수립한다.

제121조 ① 국가는 농지에 관하여 경자유전의 원칙이 달성될 수 있도록 노력하여야 하며, 농지의 소작제도는 금지된다.

② 농업생산성의 제고와 농지의 합리적인 이용을 위하거나 불가피한 사정으로 발생하는 농지의 임대차와 위탁경영은 법률이 정하는 바에 의하여 인정된다.

제122조 국가는 국민 모두의 생산 및 생활의 기반이 되는 국토의 효율적이고 균형 있는 이용·개발과 보전을 위하여 법률이 정하는 바에 의하여 그에 관한 필요한 제한과 의무를 과할 수 있다.

제123조 ① 국가는 농업 및 어업을 보호·육성하기 위하여 농·어촌 종합개발과 그 지원등 필요한 계획을 수립·시행하여야 한다.

② 국가는 지역간의 균형 있는 발전을 위하여 지역경제를 육성할 의무를 진다.

③ 국가는 중소기업을 보호·육성하여야 한다.

④ 국가는 농수산물의 수급 균형과 유통구조의 개선에 노력하여 가격안정을 도모함으로써 농·어민의 이익을 보호한다.

⑤ 국가는 농·어민과 중소기업의 자조 조직을 육성하여야 하며, 그 자율적 활동과 발전을 보장한다.

제124조 국가는 건전한 소비행위를 계도하고 생산품의 품질향상을 촉구하기 위한 소비자보호운동을 법률이 정하는 바에 의하여 보장한다.

제125조 국가는 대외무역을 육성하며, 이를 규제·조정할 수 있다.

제126조 국방상 또는 국민경제상 긴절한 필요로 인하여 법률이 정하는 경우를 제외하고는, 사영기업을 국유 또는 공유로 이전하

거나 그 경영을 통제 또는 관리할 수 없다.

제127조 ① 국가는 과학기술의 혁신과 정보 및 인력의 개발을 통하여 국민경제의 발전에 노력하여야 한다.

② 국가는 국가표준제도를 확립한다.

③ 대통령은 제1항의 목적을 달성하기 위하여 필요한 자문 기구를 둘 수 있다.

제10장 헌법 개정

제128조 ① 헌법 개정은 국회재적의원 과반수 또는 대통령의 발의로 제안된다.

② 대통령의 임기 연장 또는 중임 변경을 위한 헌법 개정은 그 헌법 개정 제안 당시의 대통령에 대하여는 효력이 없다.

제129조 제안된 헌법개정안은 대통령이 20일 이상의 기간 이를 공고 하여야 한다.

제130조 ① 국회는 헌법개정안이 공고된 날로부터 60일 이내에 의결 하여야 하며, 국회의 의결은 재적의원 3분의 2 이상의 찬 성을 얻어야 한다.

② 헌법개정안은 국회가 의결한 후 30일 이내에 국민투표에 붙여 국회의원 선거권자 과반수의 투표와 투표자 과반수 의 찬성을 얻어야 한다.

③ 헌법개정안이 제2항의 찬성을 얻은 때에는 헌법 개정은 확정되며, 대통령은 즉시 이를 공포하여야 한다.

부칙

〈제10호, 1987.10.29〉

제1조   이 헌법은 1988년 2월 25일부터 시행한다. 다만, 이 헌법을 시행하기 위하여 필요한 법률의 제정·개정과 이 헌법에 의한 대통령 및 국회의원의 선거 기타 이 헌법 시행에 관한 준비는 이 헌법 시행 전에 할 수 있다.

제2조   ① 이 헌법에 의한 최초의 대통령선거는 이 헌법 시행일 40일 전까지 실시한다.

   ② 이 헌법에 의한 최초의 대통령의 임기는 이 헌법 시행일로부터 개시한다.

제3조   ① 이 헌법에 의한 최초의 국회의원선거는 이 헌법 공포일로부터 6월 이내에 실시하며, 이 헌법에 의하여 선출된 최초의 국회의원의 임기는 국회의원선거 후 이 헌법에 의한 국회의 최초의 집회일로부터 개시한다.

   ② 이 헌법 공포 당시의 국회의원의 임기는 제1항에 의한 국회의 최초의 집회일 전일까지로 한다.

제4조   ① 이 헌법 시행 당시의 공무원과 정부가 임명한 기업체의 임원은 이 헌법에 의하여 임명된 것으로 본다. 다만, 이 헌법에 의하여 선임 방법이나 임명권자가 변경된 공무원과 대법원장 및 감사원장은 이 헌법에 의하여 후임자가 선임될 때까지 그 직무를 행하며, 이 경우 전임자인 공무원의 임기는 후임자가 선임되는 전일까지로 한다.

   ② 이 헌법 시행 당시의 대법원장과 대법원 판사가 아닌 법관은 제1항 단서의 규정에 불구하고 이 헌법에 의하여 임명된 것으로 본다.

   ③ 이 헌법 중 공무원의 임기 또는 중임제한에 관한 규정은

헌법에 의하여 그 공무원이 최초로 선출 또는 임명된 때로부터 적용한다.

제5조 이 헌법 시행 당시의 법령과 조약은 이 헌법에 위배되지 아니하는 한 그 효력을 지속한다.

제6조 이 헌법 시행 당시에 이 헌법에 의하여 새로 설치될 기관의 권한에 속하는 직무를 행하고 있는 기관은 이 헌법에 의하여 새로운 기관이 설치될 때까지 존속하며 그 직무를 행한다.

독일 헌법

신과 인간에 대한 책임을 의식하고, 통일 유럽에서 동등한 권리를 가진 구성원으로서 세계평화에 이바지할 것을 다짐하며 , 독일 국민은 헌법 제정권력에 의하여 이 기본법을 제정한다. 바덴-뷔르템베르크 , 바이에른, 베를린, 브란덴부르크, 브레멘, 함부르크, 헷센, 메클렌부르크-휘포먼, 니더작센, 노르트라인-베스트활렌, 라인란트-팔츠, 자르란트, 작센, 작센-안할트, 슐레스비히-홀슈타인과 튀링엔 주의 주민은 자유로운 결정으로 독일의 통일과 자유를 성취하였다. 이로써 이 기본법은 전 독일 국민에게 적용된다.

제1장 기본권

제1조 ① 인간의 존엄성은 침해되지 아니한다. 모든 국가권력은 이 존엄성을 존중하고 보호할 의무를 진다.

② 그러므로 독일 국민은 이 불가침·불가양의 인권을 세계의 모든 인류공동체, 평화 및 정의의 기초로 인정한다.

③ 다음에 열거하는 기본권은 직접 적용되는 법으로서 입법권·행정권·사법권을 구속한다.

제2조 ① 누구든지 다른 사람의 권리를 침해하거나 헌법 질서 또는 도덕률에 반하지 않는 한 자기의 인격을 자유로이 실현할 권리를 가진다.

② 누구든지 생명권과 신체적 훼손을 받지 않을 권리를 가진다. 신체의 자유는 침해되면 아니 된다. 이 권리는 오직 법률에 근거하여 침해될 수 있다.

제3조　① 모든 인간은 법 앞에 평등하다.

② 남성과 여성은 동등한 권리를 가진다. 국가는 남성과 여성의 동등한 권리가 실제적으로 실현되도록 지원하고 현존하는 불이익이 제거되도록 노력한다.

③ 누구라도 자신의 성별, 가문, 인종, 언어, 고향과 출신, 신앙, 종교적 또는 정치적 견해 때문에 불이익을 받거나 우대받지 아니한다. 누구나 장애를 이유로 불이익을 받지 아니한다.

제4조　① 신앙과 양심의 자유 및 종교적·세계관적 신조의 자유는 침해되지 아니한다.

② 종교 활동의 자유는 보장된다.

③ 누구라도 자신의 양심에 반하여 무기를 사용하는 전쟁에 복무하도록 강요되지 아니한다. 자세한 사항은 연방 법률로 정한다.

제5조　① 누구든지 자기의 의사를 말, 글 및 그림으로 자유로이 표현·전달하고, 일반적으로 접근할 수 있는 정보로부터 방해받지 않고 알 권리를 가진다. 신문의 자유와 방송과 영상으로 보도할 자유는 보장된다. 검열은 허용되지 아니한다.

② 이 권리는 일반 법률의 조항, 청소년 보호를 위한 법규 및 개인적 명예권에 의하여 제한된다.

③ 예술과 학문, 연구와 강의는 자유이다. 강의의 자유는 헌법에 충실할 의무로부터 면제되지 아니한다.

제6조　① 혼인과 가족은 국가의 특별한 보호를 받는다.

② 자녀의 양육과 교육은 부모의 자연적 권리인 동시에 그들에게 최우선적으로 주어진 의무이다. 그들의 실행에 대하여 국가공동체는 감시한다.

③ 교육권자가 의무를 해태하거나 그 자녀가 기타의 이유로

방치될 위험이 있을 때에는 오직 법률에 근거하여 교육권자의 의사에 반하여 가족으로부터 자녀를 격리할 수 있다.

④ 어머니는 누구든지 공동체의 보호와 구조를 받을 권리를 가진다.

⑤ 혼인 외의 자녀에게는 입법을 통하여 그 신체적 및 정신적 성장과 사회에서의 지위에 대하여 혼인 중의 자녀와 동등한 조건이 마련되어야 한다.

제7조 ① 모든 학교제도는 국가의 감독을 받는다.

② 교육권자는 종교수업에 그 자녀를 참여시킬지를 결정할 권리를 가진다.

③ 종교수업은 종교를 신봉하지 않는 학교를 제외한 공립학교에서 정규 과목이다. 국가의 감독권과는 관계없이 종교수업은 종교단체의 교리에 따라 진행된다. 교사는 자신의 의사에 반하여 종교 수업을 할 의무를 지지 아니한다.

④ 사립학교를 설립할 권리는 보장된다. 공립학교를 대체하는 사립학교는 국가의 인가를 요하고 주법이 적용된다. 사립학교가 교육목표, 시설 및 그 교사의 학력에 있어서 공립학교에 뒤지지 않고, 학생의 선택이 부모의 재산 상태를 기준으로 하지 않는 한 인가하여야 한다. 교원의 경제적 및 법적 지위가 충분히 보장되지 않으면 인가를 거부하여야 한다.

⑤ 사립초등학교는 오직 교육청이 특별한 교육적 이익을 인정하거나, 또는 그 학교를 공동체학교, 세계관학교 또는 종교학교로서 설립하고자 하고 그 지방자치단체에 이러한 유형의 공립초등학교가 없을 때 교육권자가 신청하는 경우에만 승인될 수 있다.

⑥ 예비학교제도는 폐지된다.

제8조 ① 모든 독일인은 신고나 허가를 받지 않고 무기를 소지하지 않고 평화로이 집회할 권리를 가진다.

② 이 권리는 옥외 집회의 경우 법률에 의하여 또는 법률에 근거하여 제한될 수 있다.

제9조 ① 모든 독일인은 단체와 조합을 결성할 권리를 가진다.

② 그 목적이나 활동이 형법에 위반되거나 또는 헌법 질서, 국제상호 이해에 반하는 단체는 금지된다.

③ 근로조건 및 경제조건의 보호 및 개선을 위한 단체를 결성할 권리는 모든 개인 및 모든 직업에 보장된다. 이 권리를 제한하거나 방해하는 협정은 무효이며 이를 목적으로 하는 조치는 위법이다. 제 12a조, 제35조 제2항 및 제3항, 제87a조제4항과 제91조에 따른 조치는 제1문이 말하는 단체의 근로조건 및 경제조건의 유지 및 개선을 위한 노동쟁의에 대하여 반하는 경우 허용되지 아니한다.

제10조 ① 서신 및 우편과 전신의 비밀은 침해되지 아니한다.

② 이에 대한 제한은 오직 법률에 근거하여 규정될 수 있다. 그 제한이 자유민주주의적 기본질서의 보호 또는 연방이나 주의 존립이나 안전에 기여하는 경우에는 법률은 이 제한을 관계자에게 통지하지 않는 것과 쟁송기관 대신에 의회가 임명하는 기관이나 보조기관이 심사하도록 정할 수 있다.

제11조 ① 모든 독일인은 전체 연방 영역에서 거주이전의 자유를 갖는다.

② 이 권리는 오직 법률에 의하거나 법률에 근거하여 그리고 오직 충분한 생활기반이 없기 때문에 일반에게 특별한 부담이 발생할 수 있는 경우나 연방이나 주의 존립이나 또는 자유민주적 기본질서의 절박한 위험의 방지나 또는 전염병 위험, 자연재해, 또는 특히 심각한 재난의 극복,

청소년을 방임으로부터 보호 또는 범죄행위를 예방하기 위하여 필요한 경우에만 제한될 수 있다.

제12조 ① 모든 독일인은 직업, 작업장 및 교육장을 자유로이 선택할 권리를 가진다. 직업의 행사는 법률에 의하거 나 법률에 근거하여 제한될 수 있다.

② 누구나 전통적이고 일반적인, 모두에게 평등한 공공역무의 의무를 제외하고는 특정한 노동을 강요당하지 아니한다.

③ 강제노동은 오직 법원이 명령한 자유박탈의 경우에만 허용된다.

제12a조 ① 남자에게는 만 18세부터 군대, 연방국경수비대 또는 민방위대에서 복무할 의무를 부과받을 수 있다.

② 양심상의 이유로 무기를 사용하는 군복무를 거부하는 사람에게는, 대체복무의 의무를 지울 수 있다. 대체복무의 기간은 병역기간을 초과할 수 없다. 그 상세한 사항은 양심의 결정의 자유에 영향을 미칠 수 없고 또한 군대와 연방국경수비대의 부대와 어떠한 관계도 없는 대체복무의 가능성을 규정하여야 하는 법률로 정한다.

③ 제1항과 제2항에 따라 복무에 동원되지 않는 병역의무자에게는 방위사태 시에 법률에 의하여 또는 법률에 근거하여 노동관계에 있는 민간인 보호를 포함하는 방위의 목적을 위하여 민간역무의 의무를 지울 수 있다. 공법상의 근무 관계에서의 역무는 경찰 임무의 수행을 위하여 또는 공법상의 근무 관계에서만 충족시킬 수 있는 공공행정의 고권적 임무의 수행을 위해서만 허용된다. 제1문에 따른 근무 관계는 군대, 그 군대의 부양 영역 및 공공행정에서 성립될 수 있다. 민간인 부양 영역에서 근무 의무는 민간인의 생활에 필요한 수요를 충족시키거나 그 보호를 확보하기 위해

서만 허용된다.

④ 방위사태 시 민간 보건 및 의료기관과 지역에 주둔하는 군
사의료기관에서 민간 근무의 필요가 자원자로 충족될 수
없으면, 만 18세부터 55세까지의 여성은 법률에 의하여 또
는 법률에 근거하여 그러한 유형의 복무에 투입될 수 있다.
여성은 어떠한 경우에도 무기를 사용하는 복무에 강제될
수 없다.

⑤ 방위사태 발생 이전 시기에는 제3항의 의무는 제80a조 제
1항의 조건에 따라서만 부과될 수 있다. 특별한 지식과 숙
련을 요하는 제3항에 따른 복무의 준비를 위하여 법률에
의하여 또는 법률에 근거하여 훈련 행사 참가를 의무화할
수 있다. 이 범위에서 제1문은 적용되지 아니한다.

⑥ 방위사태 시 제3항 제1문에서 말하는 영역에 노동력의 수
요가 자원자로 충족될 수 없으면, 이 수요를 확보하기 위하
여 직업의 행사 또는 작업장을 포기하는 독일인의 자유를
법률에 의하여 또는 법률에 근거하여 제한할 수 있다. 방위
사태의 개시 전에는 제5항 제1문이 준용된다.

제13조 ① 주거는 침해되지 아니한다.

② 수색은 법관에 의해서 실행되며, 지체되면 위험한 경우에
는 법률에 규정된 다른 기관에 의하여 법률에 규정된 형식
으로만 실행된다.

③ 특정한 사실이 법률에 개별적으로 특정된 중죄를 저질렀
다는 의심이 입증되면, 그 범행을 추적하기 위하여 법관의
명령으로 사건의 탐색이 다른 방법으로는 현저히 곤란하
거나 불가능하게 보이는 경우, 피의자의 주거로 추정되는
장소에 주거의 감청을 위한 기재를 설치할 수 있다. 이 조
치에는 기한을 정하여야 한다. 이 명령은 3인의 법관으로

구성된 재판부에 의하여 결정된다. 지체되면 위험한 경우 단독법관에 의해서도 그 명령이 이루어질 수 있다.

④ 공공 안전에 대한 급박한 위험, 특히 공동의 위험 또는 생명의 위험을 방지하기 위해서는 오직 법관의 명령으로 주거의 감시를 위하여 기재를 설치할 수 있다. 지체되면 위험한 경우 이 조치는 법률로 정한 다른 기관이 명령할 수 있다. 이 경우에는 사후에 지체없이 법관의 결정을 받아야 한다.

⑤ 기재가 오직 주거에서 활동하는 사람의 보호를 위한 것일 때에는 그 조치를 법률로 정한 기관이 지시할 수 있다. 이 때 취득한 정보는 목적 외 이용할 경우, 형사소추 또는 위험방지의 목적으로만 그리고 사전에 그 조치의 적법성이 법관에 의하여 확인된 경우에만 허용된다. 지체되면 위험한 경우 법관의 결정을 사후에 받을 수 있다.

⑥ 연방정부는 매년 연방의회에 제3항에 따른 그리고 제4항에 따라 연방의 권한 범위에 있는, 그리고 법관의 조사가 필요한 한, 제5항에 따른 기술적 도구의 투입에 대하여 보고한다. 연방의회가 선출한 위원회는 이 보고를 기초로 의회의 통제를 행사한다. 주도 동등한 의회 통제를 보장한다.

⑦ 그 외에도 침해와 제한은 공동의 위험 또는 개인의 생명의 위험을 방지하기 위하여, 또한 법률에 근거하여 공공안전과 질서의 긴박한 위험의 방지, 특히 주택 부족의 해결, 전염병 위험의 퇴치 또는 위험에 처한 청소년의 보호를 위해서만 법률에 근거하여 허용된다.

제14조 ① 재산권과 상속권은 보장된다. 그 내용과 한계는 법률로 정한다.

② 재산권은 의무를 수반한다. 그 행사는 동시에 공공복리에 이바지하여야 한다.

③ 공용수용은 공공복리를 위해서만 허용된다. 공용수용은 오직 보상의 종류와 정도를 규정하는 법률에 의하여 또는 법률에 근거하여 실행될 수 있다. 보상은 공공의 이익과 관계자의 이익을 정당하게 형량하여 결정되어야 한다. 보상의 수준에 대한 분쟁의 경우에는 일반법원에 소송을 제기할 수 있다.

제15조 토지, 천연자원 및 생산수단은 사회화를 목적으로 보상의 종류와 정도를 규정하는 법률에 의하여 공유재산 또는 공동관리경제의 다른 형태로 전환될 수 있다. 그 보상에는 제14조 제3항 제3문 및 제4문을 준용한다.

제16조 ① 독일인의 국적은 박탈될 수 없다. 의사에 반하는 국적의 상실은 이를 통하여 무국적자로 되지 않는 경우에 한하여 오직 법률에 근거하여 이루어질 수 있다.

② 모든 독일 국민은 외국으로 추방되지 아니한다. 법치국가원칙이 준수되는 한 법률로 유럽연합의 회원국 또는 국제사법재판소에 인도하는 예외적 규정을 둘 수 있다.

제16a조 ① 정치적으로 박해받는 자는 망명권을 갖는다.

② 유럽연합의 회원국 또는 난민의 법적지위에 관한 협정, 인권 및 기본권의 보호협정이 적용되는 제3국으로부터 입국하는 사람은 제1항의 권리를 주장할 수 없다. 제1문의 조건에 해당되는 유럽공동체 이외의 국가는 연방참사원의 동의를 요하는 법률로 정한다. 제1문의 경우에는 체류를 종료시키는 조치는 이에 대한 사법적 권리 구제와 관계없이 집행할 수 있다.

③ 연방참사원의 동의를 요하는 법률로 법적 현실, 법률 적용 및 일반적인 정치적 상황에 기초하여 정치적 박해나 비인도적이거나 모욕적인 형벌이나 취급도 발생하지 않는다고

추정되는 국가를 결정할 수 있다. 그러한 국가로부터 입국하는 외국인은 반증이 없는 한 정치적으로 박해받지 않는다고 추정된다.

④ 체류를 종료시키는 조치의 집행은 제3항의 경우와 명백하게 이유가 없거나 또는 명백하게 이유가 없는 것으로 간주되는 다른 경우에 그 조치의 적법성에 중대한 의혹이 있을 때만 법원에 의하여 정지될 수 있다. 심사의 범위는 제한될 수 있고, 의견표명이 지체된 경우에는 고려되지 않을 수 있다. 자세한 사항은 법률로 정한다.

⑤ 제1항 내지 제4항은 유럽연합의 회원국 간에 체결된 국제법상의 조약, 그리고 난민의 법적지위에 관한 협정으로부터의 의무, 인권과 기본권의 보호를 위한 협정, 망명 결정의 상호 인정을 포함하는 망명 요청의 심사를 위한 유럽연합체의 국가와 제3국과의 협정의 효력에 영향을 미치지 않는다.

제17조 누구든지 단독으로 또는 타인과 공동으로 서면으로 청원 또는 소원을 관할기관이나 의회에 제출할 권리를 가진다.

제17a조 ① 병역복무와 대체복무에 관한 법률은 군대와 대체복무의 소속원에게 병 역복무와 대체복무 기간에 말, 글 및 그림으로 의견을 자유로이 표현하고 전달하는 기본권(제5조 제1항 제1문 전반), 집회의 자유(제8조), 그리고 타인과 공동으로 청원 또는 소원을 제출할 권리를 보장하는 한 청원권(제17조)이 제한되도록 정 할 수 있다.

② 민간인의 보호를 포함하는 국방에 기여하는 법률은 거주 이전의 자유(제11조)와 주거의 불가침(제13조)이 기본권을 제한되도록 정할 수 있다.

제18조 자유민주주의적 기본질서를 공격할 목적으로, 표현의 자유

특히 출판의 사유(제5소 제1항), 강의의 자유(제5조 제3항), 집회의 자유(제18조), 결사의 자유(제9조), 서신, 우편 및 전신의 비밀(제10조), 재산권(제14조) 또는 망명권(제16조 제2항)을 남용한 자는 기본권을 상실한다. 상실 여부 및 정도는 연방헌법재판소에 의하여 결정된다.

제19조 ① 기본법에 의하여 기본권이 법률에 의하여 또는 법률에 근거하여 제한될 수 있는 경우에 법률은 일반적이어야 하며, 개별적으로 적용되는 법률이어서는 안 된다. 이 밖에 법률은 기본권의 해당 조항을 적시하여야 한다.

② 어떠한 경우에도 기본권의 본질적 내용이 침해되어서는 안 된다.

③ 기본권은 본질상 적용될 수 있는 경우에는 내국 법인에도 적용된다.

④ 권리가 공권력에 의하여 침해될 때에는 소송을 제기할 수 있다. 다른 관할권이 인정되지 않는 한, 일반법원에 소송을 제기할 수 있다. 제10조 제2항 제2문에는 영향을 주지 않는다.

스위스연방 헌법

전능하신 신의 이름으로!
스위스의 국민과 주(Kantone)는,
천지창조에 대한 책임을 자각하고,
자유와 민주주의, 독립과 평화를 강화하기 위하여
세계를 향한 연대의식과 개방정신으로
동맹을 새로이 할 것을 결의하며,
타인에 대한 존중과 공정성 속에서
그 다양성을 더불어 영위할 것을 다짐하고,
장래 세대에 대한 공동의 성과와 책임을 자각하며,
자신의 자유를 행사하는 자만이 자유로우며, 국민의 강력함은 약자의
복지를 척도로 평가되는 것임을 인식하면서,
이하의 헌법을 제정한다.

제1편 총강

제2조   (목적)
　　　　① 스위스 연방은 국민의 자유와 권리를 보호하고 국가의 독
　　　　　립과 안전을 보장한다.
　　　　② 스위스 연방은 국가의 공공복리, 지속가능한 발전, 내부
　　　　　결속 및 문화적 다양성을 촉진한다.
　　　　③ 스위스 연방은 모든 시민(Bügerinnen und Bügern)에 대하
　　　　　여 최대한의 기회균등을 보장한다.
　　　　④ 스위스 연방은 자연자원을 지속적으로 보전하고 정의에

합치하는 평화로운 국제질서를 위하여 노력한나.

제3조　　(주) 주는 연방헌법에서 제한하지 아니하는 범위 내에서 주권을 향유한다. 주는 연방에 위임되지 아니한 모든 권리를 행사한다.

제4조　　(국어) 국어는 독일어, 프랑스어, 이탈리아어 및 레토로망어(Rätoromanisch)이다.

제5조　　(법치국가의 원리)

① 법률은 국가 활동의 기초이며 한계이다.

② 국가의 활동은 공공의 이익에 부합하고 그 목적에 상응하여야 한다.

③ 국가기관 및 사인(Private handeln)은 신의성실의 원칙에 의거하여 활동하여야 한다.

④ 연방 및 주는 국제법을 준수한다.

제5a조　(보충성의 원칙) 국가임무는 보충성의 원칙(principe de subsidiarité)에 따라 분배되고 수행되어야 한다.

제6조　　(개인적·사회적 책임) 모든 사람(Jede Person)은 자신에 대해 책임을 지고, 국가와 사회의 과제 달성을 위하여 그 능력에 상응하여 공헌한다.

제2편 기본권, 시민권 및 사회적 목적

제1장 기본권

제7조　　(인간의 존엄성) 인간의 존엄성은 존중되고 보호되어야 한다.

제8조　　(평등)

① 모든 인간은 법 앞에 평등하다.

② 누구든지 출신, 인종, 성별, 연령, 언어, 사회적 지위, 생활방식, 종교적·철학적·정치적 신념이나 물질적·정신적·

육체적 장애를 이유로 차별받지 아니한다.

③ 남성과 여성은 동등한 권리를 가진다. 법률은 가정, 교육 및 근로에 있어서 법률상·사실상의 평등을 실현한다. 남성과 여성은 동일가치의 근로에 대하여 동일한 임금을 받을 권리를 가진다.

④ 법률은 장애에 의한 불평등을 제거하기 위한 조치를 정한다.

제9조 (사의로부터의 보호 및 신의성실 원칙의 보장) 누구든지 국가기관에 의하여 자의적이지 아니하고 신의성실의 원칙에 의거한 대우를 받을 권리를 가진다.

제10조 (생명 및 인격적 자유의 권리)

① 모든 인간은 생명에 대한 권리를 가진다. 사형은 금지된다.

② 모든 인간은 인격적 자유, 신체적·정신적 불가침 및 행동의 자유의 권리를 가진다.

③ 고문 및 기타 잔혹하고 비인도적이거나 품위를 손상하는 처우 또는 형벌은 금지된다.

제11조 (아동 및 청소년의 보호)

① 아동 및 청소년은 온전하게 보호받고 그 성장발달을 지원받을 권리를 가진다.

② 아동 및 청소년은 그 판단능력의 범위 내에서 권리를 행사한다.

제12조 (궁핍 상태에서 조력을 받을 권리) 누구든지 궁핍하고 자활할 수 있는 상태가 아닌 자는 조력과 간호를 받을 권리가 있고, 기본적인 생활을 영위할 수 있도록 재정적인 수단을 요구할 수 있다.

제13조 (사적 영역의 보호)

① 누구든지 사생활, 가정생활, 주거지, 우편 및 통신의 비밀을 존중받을 권리를 가진다.

② 누구든지 자신에 대한 성보의 남용으로부터 보호받을 권리를 가진다.

제14조 (혼인 및 가족형성의 권리) 혼인 및 가족 형성의 권리는 보장된다.

제15조 (종교 및 양심의 자유)

① 종교 및 양심의 자유는 보장된다.

② 누구든지 자유롭게 종교를 선택하고 철학적 신념을 형성하며, 개인 또는 공동으로 종교 및 철학적 신념을 실현할 권리를 가진다.

③ 누구든지 종교단체에 가입 또는 소속하거나 종교교육을 받을 수 있는 권리를 가진다.

④ 누구든지 종교단체에 가입 또는 소속하거나, 종교적 행위를 하거나 종교교육을 받을 것을 강요받지 아니한다.

제16조 (표현 및 정보의 자유)

① 표현 및 정보의 자유는 보장된다.

② 누구든지 자신의 의견을 자유로이 형성하고 표현하며 유포할 권리를 가진다.

③ 누구든지 정보를 자유로이 수령하고, 일반적으로 접근할 수 있는 정보원으로부터 정보를 취득하며, 이를 유포할 권리를 가진다.

제17조 (언론의 자유)

① 출판, 라디오, 텔레비전 및 공공정보통신에 의한 기타 유형의 제작물 및 정보를 유포할 수 있는 자유는 보장된다.

② 검열은 금지된다.

③ 편집의 비밀은 보장된다.

제18조 (언어의 자유) 언어의 자유는 보장된다.

제19조 (초등교육을 받을 권리) 초등교육을 무상으로 충분히 받을

권리는 보장된다.

제20조 (학문의 자유) 학문 교육 및 연구의 자유는 보장된다.

제21조 (예술의 자유) 예술의 자유는 보장된다.

제22조 (집회의 자유)

① 집회의 자유는 보장된다.

② 누구든지 집회를 조직하고, 집회에 참가하거나 참가하지
아니할 권리를 가진다.

제23조 (결사의 자유)

① 결사의 자유는 보장된다.

② 누구든지 단체를 조직하고, 단체에 가입 및 소속되거나, 그
활동에 참여할 수 있는 권리를 가진다.

③ 누구도 단체에 가입하거나 소속되도록 강요받지 아니한다.

제24조 (거주의 자유)

① 스위스 국민은 국가의 어떠한 장소에서든지 거주할 권
리를 가진다.

② 스위스 국민은 스위스로부터 출국하거나 스위스에 입국할
권리를 가진다.

제25조 (추방, 인도 및 송환으로부터의 보호)

① 스위스 국민은 스위스로부터 추방되지 아니하며, 본인이
동의하는 경우에 한하여 외국의 기관에 인도될 수 있다.

② 난민은 박해를 받은 국가에 강제적으로 송환되거나 인도
되지 아니한다.

③ 누구든지 고문 및 기타 잔혹하고 비인도적이거나 품위를
손상하는 처우 또는 형벌을 받을 우려가 있는 국가에 송환
되지 아니한다.

제26조 (재산권의 보장)

① 재산권은 보장된다.

② 공용수용 또는 이에 상응한 재산권 제한의 경우에는 완전한 보상을 하여야 한다.

제27조　(경제적 자유)

① 경제적 자유는 보장된다.

② 경제적 자유는 직업선택의 자유와 자유로운 사적 영리 활동의 추구 및 영위를 포함한다.

제28조　(조합결성의 자유)

① 근로자, 사용자 및 그 조직은 자신들의 이익을 보호하기 위하여 결사할 수 있고, 조합을 결성할 수 있으며, 조합에 가입하거나 가입하지 아니할 권리를 가진다.

② 쟁의는 가능한 한 교섭 또는 조정에 의하여 해결하여야 한다.

③ 파업 및 직장폐쇄는 그것이 근로관계와 관련이 있고, 평화로운 근로관계의 유지 및 중재 절차의 이행에 저촉되지 않는 한 허용하여야 한다.

④ 특정 범주에 속하는 자들의 파업금지에 관하여는 법률로 정할 수 있다.

제29조　(일반적 절차 보장)

① 누구든지 사법절차 또는 행정절차에서 평등하고 공정한 처우와 적합한 기간 내에 판결을 받을 권리를 가진다.

② 소송당사자는 청문을 요구할 권리를 가진다.

③ 충분한 생계 수단이 결여되어 있는 자는 누구라도 소송에서 승소할 가능성이 전혀 없다고 보여지지 아니하는 한 무상으로 법률적 공조를 받을 권리를 가진다. 또한 자신의 권리를 보호하기 위하여 필요한 경우에는 변호인의 무상변론을 받을 권리를 가진다.

제29a조　(재판받을 권리의 보장) 누구든지 사법기관에서 재판받을 권

리를 가진다. 연방과 주는 예외적인 경우에 재판받을 권리를
법률로써 배제할 수 있다.

제30조 (재판절차)

① 자신의 사건을 재판절차로 해결하여야 하는 사람은 누구
든지 법률에 의하여 설치되고, 관할권을 가지며, 독립적이
고 공정한 법원에서 재판을 받을 수 있는 권리를 가진다.
특별법원(Ausnahmegerichte)은 금지된다.

② 민사소송의 피고는 그 사건을 관할법원에서 재판을 받을 수
있는 권리를 가진다. 재판의 관할에 관하여는 법률로 정한다.

③ 법원의 심리 및 판결은 공개하며, 그 예외에 관하여는 법
률로 정한다.

제31조 (자유의 박탈)

① 누구든지 법률에 규정되어 있는 사실과 방법에 의하지 않
고서는 자유를 박탈당하지 아니한다.

② 자유를 박탈당한 사람은 즉시 이해가 가능한 언어로 그
사유와 자신의 권리에 대해 고지 받을 권리를 가진다. 자유
를 박탈당한 사람은 자신의 권리를 행사할 수 있어야 하
며, 친족에게 연락할 권리를 가진다.

③ 구금된 자는 지체 없이 법관의 심리를 받을 권리를 가진
다. 법관은 계속 구금할 것인지 또는 석방할 것인지를 결정
한다. 구금된 자는 합리적인 기간 내에 그 판결을 받을 권
리를 가진다.

④ 법원의 명령 없이 자유를 박탈당한 사람은 언제라도 법원
에 소송을 제기할 권리를 가진다. 법원은 그 자유 박탈의
적법성에 대하여 가능한 한 신속하게 판결한다.

제32조 (형사절차)

① 누구든지 법적 효력이 있는 판결을 받을 때까지 무죄로

추정된다.

② 모든 피고인은 자신에게 제기된 기소의 내용을 가능한 한 신속하고 충분하며 상세하게 고지 받을 권리를 가진다. 피고인에게는 자신을 위하여 방어할 수 있는 권한이 확보되어야 한다.

③ 유죄판결을 받은 사람은 상급법원에 의하여 재심리를 받을 권리를 가진다. 다만, 연방대법원(Bundesgericht)이 유일한 심급으로서 판결한 사안에 관하여는 그러하지 아니하다.

제33조 (청원권)

① 누구든지 행정기관(Behöden)에 청원할 권리를 가지며, 이 권리를 행사함으로 인하여 어떠한 불이익도 받지 아니한다.

② 청원을 받은 행정기관은 그 내용을 검토하여야 한다.

제34조 (참정권)

① 참정권은 보장된다.

② 참정권의 보장은 시민의 의사 형성의 자유 및 의사 표현의 자유를 보호한다.

제35조 (기본권의 실현)

① 기본권은 전체 법질서 내에서 실현되어야 한다.

② 국가 사무를 수행하는 자는 기본권을 존중하고 그 실현에 기여할 의무를 진다.

③ 행정기관은 사인 간에서도 기본권이 존중되도록 노력한다.

제36조 (기본권의 제한)

① 기본권의 제한은 법률상 근거를 필요로 한다. 중대한 제한은 연방법률로 정해야 한다. 다만, 중대하고 직접적이며 절박한 위험이 있는 경우는 그러하지 아니하다.

② 기본권의 제한은 공공의 이익 또는 타인의 기본권을 보호

하기 위하여 정당화될 수 있는 것이어야 한다.

③ 기본권의 제한은 그 목적에 상응하는 것이어야 한다.

④ 기본권의 본질적 내용은 침해할 수 없다.

1996년 남아프리카공화국 헌법

우리 남아프리카공화국('공화국' 혹은 '남아공'으로 인용) 국민은 과거의 불의를 인정하고 우리나라의 정의와 자유를 위해 고통을 당한 이들에게 경의를 표하며 우리나라를 건국 및 발전시키기 위해 노력한 이들을 존중하는 한편, 남아프리카공화국이 이 나라에 거주하는 모든 이에게 속하며 다양성 속에서 연합함을 확신한다. 그러므로 우리는, 다음을 위해, 자유롭게 선출된 우리의 대표를 통해 본 헌법을 공화국의 최고법으로 채택한다.

- 과거의 분열을 치유하고 민주적 가치, 사회 정의 및 기본적 인권에 근거한 사회를 건설
- 통치의 기반이 국민의 의사에 있고 모든 국민이 법률에 의해 동등하게 보호를 받는 민주적 열린 사회의 기초를 마련
- 모든 국민의 삶의 질을 개선하고 각자의 잠재력을 마음껏 발휘할 수 있게 함
- 국제사회에서 주권 국가로서의 정당한 지위를 차지할 수 있도록 연합된 민주주의 남아프리카공화국을 건설

우리 국민에게 신의 가호가 있기를.
신이여, 남아프리카공화국을 축복하소서.

제1장 기본 규정

제1조   (남아프리카공화국) 남아프리카공화국은 다음의 가치에 기초한 단일 주권 민주주의 국가이다.

　　　　　　a. 인간의 존엄성, 평등의 실현, 인권과 자유의 증진 실현

　　　　　　b. 인종 평등과 성 평등

　　　　　　c. 헌법의 최고성과 법치주의

　　　　　　d. 책임, 대응성 및 개방성을 보장하기 위한, 민주주의 정부의 성인
　　　　　　　 보통 선거권, 일반 국민 유권자 명단, 정기적 선거 및 복수정당제

제2조　　(헌법의 최고성) 본 헌법은 남아프리카공화국의 최고법으로,
　　　　　본 헌법과 상반되는 법률 또는 행위는 효력이 없으며, 본 헌법
　　　　　에 의해 부과된 의무는 반드시 준수해야 한다.

제3조　　(국적)

　　　　　① 통일된 남아프리카공화국 국적이 존재한다.

　　　　　② 모든 국민은

　　　　　a. 국적에 따르는 권리, 특권 및 혜택을 동등하게 향유할 자격이 있
　　　　　　 으며

　　　　　b. 국적에 따르는 의무와 책임을 동등하게 이행해야 한다.

　　　　　③ 국적의 취득, 상실 및 회복은 국법(National legislation)으로
　　　　　　 규정해야 한다.

제4조　　(국가) 남아프리카공화국의 국가는 대통령이 포고를 통해
　　　　　결정한다.

제5조　　(국기) 남아프리카공화국의 국기는 별표 1에 설명 및 묘사된
　　　　　바와 같이 검은색, 금색, 녹색, 백색, 붉은색, 파란색으로 구성된다.

제6조　　(언어)

　　　　　① 남아프리카공화국의 공용어는 페디어(Sepedi), 소토어
　　　　　　 (Sesotho), 츠와나어(Setswana), 스와티어(siSwati), 벤다어
　　　　　　 (Tshivenda), 총가어(Xitsonga), 아프리칸스어(Afrikaans),
　　　　　　 영어(English), 은데벨레어(isiNdebele), 코사어(isiXhosa) 및
　　　　　　 줄루어(isiZulu)이다.

　　　　　② 역사적으로 축소된 토착어의 사용과 지위를 인식하여, 국
　　　　　　 가는 이들 언어의 지위를 높이고 사용을 증진하기 위해 실

질적이면서도 적극적인 조치를 취해야 한다.

③ a. 중앙정부와 주정부는 관습, 실용성, 비용, 지역 여건과 전체 주민 또는 관련 주 주민의 요구와 선호도의 우위를 고려하여 통치를 목적으로 특정 공용어를 사용할 수 있다. 단, 중앙정부와 각 주정부는 적어도 2개 이상의 공용어를 사용해야 한다.

b. 지방자치단체는 주민들의 언어 관습과 선호도를 고려해야 한다.

④ 중앙정부와 주정부는 입법 조치 및 기타 조치를 통해 공용어의 사용을 규제 및 감시해야 한다. 모든 공용어는 상기 제1항의 규정을 준수하면서, 동등하게 존중되어야 하며 공평한 대우를 받아야 한다.

⑤ 국법에 따라 설립된 범남아프리카언어위원회는

a. 다음 언어의 발전 및 사용을 위한 여건을 증진 및 조성해야 한다.
   ⅰ. 모든 공용어
   ⅱ. 코이(Khoi)어, 나마(Nama)어, 산(San)어
   ⅲ. 수화

b. 다음 언어에 대한 존중을 증진 및 보장해야 한다.
   ⅰ. 독일어, 그리스어, 구자라트어, 힌디어, 포르투갈어, 타밀어, 텔루구어 및 우르두어를 포함한, 남아프리카공화국 내 공동체에서 흔히 사용되는 모든 언어
   ⅱ. 남아프리카공화국에서 종교적 목적으로 사용되는 아랍어, 히브리어, 산스크리트어 및 기타 언어

제2장 권리장전

제7조　　(권리)

① 본 권리장전은 남아프리카공화국 민주주의의 초석을 이룬다. 이는 우리나라 모든 국민의 권리를 소중히 간직하며

인간의 존엄성, 평등, 자유의 민주적 가치를 확신한다.

② 국가는 권리장전에 포함된 권리를 존중, 보호, 증진 및 충족해야 한다.

③ 권리장전에 포함된 권리는 본 헌법 제36조 또는 권리장전의 기타 조항에 수록 또는 언급된 제한 사항에 따른다.

제8조   (적용)

① 권리장전은 모든 법률에 적용되며 입법부, 행정부, 사법부 및 모든 국가기관을 구속한다.

② 권리장전의 규정은 해당 권리의 속성 그리고 해당 권리에 의해 부과되는 모든 의무의 속성을 고려해 적용이 가능한 경우, 적용이 가능한 범위 내에서, 자연인 또는 법인에 대해 구속력을 가진다.

③ 전항과 관련하여 권리장전의 규정을 자연인 또는 법인에게 적용할 때, 법원은

  a. 권리장전에 포함된 권리의 효력을 발생시키기 위해, 법률에 의해 해당 권리의 효력이 발생하지 않는 경우 커먼로(common law)를 적용하거나 필요하다면 커먼로(common law)를 개발해야 한다.

  b. 해당 권리를 제한하기 위한 커먼로(common law)의 규칙을 마련할 수 있다. 이때 해당 제한 사항은 본 헌법 제36조 제1항을 따라야 한다.

④ 권리의 속성 및 해당 법인의 속성상 필요한 범위 내에서, 법인은 권리장전상의 권리를 향유할 자격이 있다.

제9조   (평등)

① 모든 사람은 법 앞에서 평등하며 동등한 법적 보호 및 혜택을 누릴 권리를 가진다.

② 평등은 모든 권리와 자유의 완전하면서도 동등한 향유를 포함한다. 평등의 실현을 증진하기 위해, 부당한 차별로 인해 불이익을 당한 자들 또는 그러한 부류를 보호하거나

그들에 대한 처우를 개선할 목적으로 마련된 입법 조치 및 기타 조치를 취할 수 있다.

③ 국가는 인종, 성별, 임신, 혼인 상태, 민족적 또는 사회적 출신, 피부색, 성적 지향, 연령, 장애, 종교, 양심, 신념, 문화, 언어 및 태생을 포함한 하나 이상의 사유를 근거로 하여 누군가를 직간접적으로 부당하게 차별해서는 안 된다.

④ 누구도 상기 제3항과 관련해 하나 이상의 사유를 근거로 하여 누군가를 직간접적으로 부당하게 차별해서는 안 된다. 부당한 차별 행위를 예방 또는 금지하기 위한 국법이 제정되어야 한다.

⑤ 상기 제3항에 나열된 사유 중 하나 이상을 근거로 한 차별은, 그러한 차별이 정당하다는 사실이 입증되지 않는 한, 부당한 것으로 간주된다.

제10조 (인간의 존엄성) 모든 사람은 고유한 존엄성을 지니고 있으며 각자의 존엄성을 존중 및 보호받을 권리를 가진다.

제11조 (생존) 모든 사람은 생존권을 가진다.

제12조 (개인의 자유와 안전)

① 모든 사람은 다음의 권리를 포함해 개인의 자유와 안전에 대한 권리를 가진다.

　a. 임의로 혹은 정당한 사유 없이 자유를 박탈당하지 않을 권리

　b. 재판 없이 구금되지 않을 권리

　c. 공권력 또는 사적 권력에 의한 모든 형태의 폭력으로부터 자유로울 권리

　d. 어떤 식으로든 고문을 당하지 않을 권리

　e. 잔인하거나 비인간적이거나 모욕적인 방식의 대우 또는 처벌을 받지 않을 권리

② 모든 사람은 다음의 권리를 포함해 육체적·정신적 건강에 대한 권리를 가진다.

    a. 생식에 관한 의사를 결정할 권리

    b. 자신의 신체적 안전과 신체 통제에 대한 권리

    c. 정보제공 후 동의 없이 의료 또는 과학 실험의 대상이 되지 않을 권리

제13조 (노예 제도, 노역 및 강제 노동) 누구도 노예 제도, 노역 또는 강제노동의 대상이 되어서는 안 된다.

제14조 (사생활) 모든 사람은 다음의 권리를 포함해 사생활에 대한 권리를 가진다.

    a. 신체 또는 가택 수색을 받지 않을 권리

    b. 재산 수색을 받지 않을 권리

    c. 개인 소유물을 압류당하지 않을 권리

    d. 통신상의 사생활을 침해당하지 않을 권리

제15조 (종교, 신념 및 의견의 자유)

  ① 모든 사람은 양심, 종교, 생각, 신념 및 의견의 자유를 누릴 권리를 가진다.

  ② 종교적 의식은 국가 시설 또는 국가가 지원하는 시설에서 수행할 수 있다. 단,

    a. 그러한 의식은 해당 공공 기관이 정한 규칙을 준수해야 한다.

    b. 그러한 의식은 공평하게 수행되어야 한다.

    c. 그러한 의식 참석은 자유롭게 그리고 자발적으로 이루어져야 한다.

  ③ a. 본 조는 다음을 인정하는 법률의 제정을 막지 않는다.

    i. 전통 또는 종교법, 인법 또는 가족법에 따라 성립된 혼인

    ii. 전통에 따른 또는 특정 종교의 신앙을 가진 자들이 고수하는 인법 및 가족법

    b. 상기 제a호에 관련한 인정은 본 조와 본 헌법의 기타 조항에 부합해야 한다.

제16조 (표현의 자유)

  ① 모든 사람은 아래의 사항을 포함해 표현의 자유를 누릴 권리를 가진다.

    a. 언론 및 기타 매체의 자유

b. 정보 또는 생각을 수용 또는 제공할 수 있는 자유

c. 예술적 창작의 자유

d. 학술적 자유 및 과학적 연구의 자유

② 전항의 권리는 다음 사항에 대해서는 확대 적용되지 않는다.

a. 전쟁을 위한 선전 활동

b. 일촉즉발의 폭력 선동

c. 인종, 민족, 성별 또는 종교에 근거하며 피해를 유발하는 선동을 구성하는 증오의 옹호

제17조 (집회, 시위, 피케팅 및 청원) 모든 사람은 무장을 하지 않은 상태에서 평화적으로 집회, 시위, 피케팅 및 청원을 할 권리를 가진다.

제18조 (결사의 자유) 모든 사람은 결사의 자유를 누릴 권리를 가진다.

제19조 (참정권)

① 모든 국민은 다음의 권리를 포함해 정치적 선택을 할 자유가 있다.

a. 정당을 결성할 권리

b. 정당의 활동에 참여하거나 정당의 당원을 모집할 권리

② 모든 국민은 본 헌법에 따라 설립된 모든 입법기관에 대하여 자유롭고 공정하고 정기적인 선거에 참여할 권리를 가진다.

③ 모든 성인 국민은 다음의 권리를 가진다.

a. 본 헌법에 따라 설립된 모든 입법기관에 대한 선거에서 투표를 할 권리와 이를 비밀리에 할 권리

b. 관청을 대표할 권리와 선출 시 공직을 담당할 권리

제20조 (국적) 어떤 국민도 국적을 박탈당해서는 안 된다.

제21조 (이동 및 거주의 자유)

① 모든 사람은 이동의 자유를 누릴 권리를 가진다.

② 모든 사람은 남아프리카공화국에서 출국할 권리를 가진다.

③ 모든 국민은 남아프리카공화국에 입국할 권리, 체류할 권리, 거주할 권리를 가진다.

④ 모든 국민은 여권에 대한 권리를 가진다.

제22조   (직업의 자유) 모든 국민은 기술직, 일반직, 전문직을 포함해 직업을 자유롭게 선택할 권리를 가진다. 직업의 업무는 법률에 의해 규제될 수 있다.

제23조   (노사관계)

① 모든 사람은 정당한 노동 관행에 대한 권리를 가진다.

② 모든 노동자는 다음의 권리를 가진다.

 a. 노동조합을 결성하고 이에 가입할 권리

 b. 노동조합의 활동 및 프로그램에 참여할 권리

 c. 파업을 할 권리

③ 모든 사용자는 다음의 권리를 가진다.

 a. 사용자단체를 결성하고 이에 가입할 권리

 b. 사용자단체의 활동 및 프로그램에 참여할 권리

④ 모든 노동조합과 모든 사용자단체는 다음의 권리를 가진다.

 a. 자체적인 운영, 프로그램 및 활동을 결정할 권리

 b. 조직을 구성할 권리

 c. 연합체를 결성하고 이에 가입할 권리

⑤ 모든 노동조합, 사용자단체 및 사용자는 단체교섭에 참여할 권리를 가진다. 단체교섭을 규제하기 위한 국법이 제정될 수 있다. 국법이 본 장의 권리를 제한할 수 있는 범위에서, 그 제한은 본 헌법 제36조 제1항을 준수해야 한다.

⑥ 국법은 단체협약에 포함된 조합 보장 협정을 인정할 수 있다. 국법이 본 장의 권리를 제한할 수 있는 범위에서, 그 제한은 본 헌법 제36조제1항을 준수해야 한다.

제24조   (환경) 모든 사람은 다음의 권리를 가진다.

 a. 자신의 건강 또는 행복에 유해하지 않은 환경에 대한 권리

b. 다음의 합리적 입법 조치 및 기타 조치를 통해, 현재 및 미래 세
   대의 이익을 위해 환경을 보호 받을 권리

i. 공해 및 생태계 파괴를 방지하는 조치

ii. 환경 보존을 촉진하는 조치

iii. 생태적으로 지속 가능한 천연자원 개발 및 사용을 보장하면서 정당한 경제
    사회적 개발을 촉진하는 조치

제25조　(재산)

① 일반적으로 적용되는 법률에 의한 경우를 제외하고는 누
구도 재산을 박탈당해서는 안 되며, 어떠한 법률도 임의로
재산 박탈을 허용해서는 안 된다.

② 다음의 경우에 일반적으로 적용되는 법률에 의해서만
재산을 수용할 수 있다.

a. 공공의 목적 또는 공익을 위한 경우

b. 보상 금액, 지급 시기 및 방법에 대해 영향을 받는 당사자들이 합
   의했거나 법원에서 이들 사항을 판결 또는 승인한 경우

③ 보상 금액과 지급 시기 및 방법은 공정하고 공평해야 하
며, 공익과 당사자의 이해 간의 공평한 균형을 반영하고,
다음 사항을 포함해 모든 관련 상황을 고려해야 한다.

a. 재산의 현재 용도

b. 재산의 취득 및 사용 이력

c. 재산의 시가

d. 재산의 취득 및 수익 자본 개선에 대한 국가 직접 투자 및 보조금
   지급의 범위

e. 재산 수용의 목적

④ 본 조와 관련하여,

a. 공익은 국가의 토지 개혁 의무와 남아프리카공화국의 모든 천연
   자원에 대한 공평한 접근을 실현하기 위한 개혁 의무를 포함한다.

b. 재산은 토지에 국한되지 않는다.

⑤ 국가는 가용 자원의 범위 내에서 국민들이 토지 접근 권한

을 공평하게 획득할 수 있는 여건을 조성하기위해 합리적
인 입법 조치 및 기타 조치를 취해야 한다.

⑥ 과거의 인종차별적 법률 또는 관행으로 인해 토지 보유권
이 법적으로 불안전한 개인 또는 공동체는, 국회 제정법에
규정된 범위 내에서, 법적으로 안전한 보유권 또는 그에 준
하는 보상을 받을 권리를 가진다.

⑦ 과거의 인종차별적 법률 또는 관행으로 인해 1913년 6월
19일 이후 재산을 빼앗긴 개인 또는 공동체는, 국회 제정
법에 규정된 범위 내에서, 해당 재산을 반환 받거나 공평한
보상을 받을 권리를 가진다.

⑧ 본 조의 어떠한 규정도 국가가 과거의 인종차별로 인한 결
과를 보상하기 위해 토지, 수자원 및 관련 개혁을 성취하기
위한 입법 조치 및 기타 조치를 취하는 것을 방해해서는 안
된다. 이때 본 조의 규정에 대한 모든 이탈 행위는 본 헌
법 제36조제1항의 규정을 따라야 한다.

⑨ 국회는 상기 제6항에 언급된 법을 제정해야 한다.

제26조   (주거)

① 모든 사람은 적당한 주거를 이용할 권리를 가진다.

② 국가는 가용 자원의 범위 내에서 이러한 권리를 점진적으
로 실현하기 위해 적절한 입법 조치 및 기타 조치를 취해야
한다.

③ 모든 관련 상황을 검토한 후 이루어진 법원의 명령 없이
는, 누구도 자신의 집에서 퇴거당해서는 안 되며 집이 파괴
되어서도 안 된다. 법률은 임의적 퇴거 조치를 허용해서는
안 된다.

제27조   (보건, 음식, 물 및 사회보장)

① 모든 사람은 다음에 접근할 권리를 가진다.

a. 생식 보건을 포함한 보건 서비스

b. 충분한 음식과 물

c. 자신과 피부양자를 부양할 수 없는 경우, 적정한 사회부조를 포함한 사회보장

② 국가는 가용 자원의 범위 내에서 이러한 권리들을 점진적으로 실현하기 위해 적절한 입법 조치 및 기타 조치를 취해야 한다.

③ 누구도 응급치료를 거부당해서는 안 된다.

제28조 (아동)

① 모든 아동은 다음의 권리를 가진다.

a. 태어나면서 이름과 국적을 획득할 권리

b. 가정 또는 부모의 보호를 받을 권리, 또는 가정 환경에서 떨어져 있는 경우 적절한 대체적 보호를 받을 권리

c. 기본적 영양, 주거, 기본적 보건 서비스 및 사회 복지에 대한 권리

d. 학대, 방치, 폭행 또는 비하로부터 보호를 받을 권리

e. 착취적 노동 관행으로부터 보호를 받을 권리

f. 다음과 같은 작업을 수행하거나 서비스를 제공하도록 요구 또는 허용되지 않을 권리

  i. 해당 아동의 연령인 자에게 부적합한 작업 또는 서비스

  ii. 아동의 행복, 교육, 신체적 또는 정신적 건강이나 영적, 윤리적 또는 사회적 발달을 위협하는 작업 또는 서비스

g. 최후의 수단인 경우를 제외하고는 구금되지 않을 권리. 최후의 수 단으로 구금되는 경우, 본 헌법 제12조 및 제35조에 따라 아동이 향유하는 권리에 더해, 아동은 최소한의 적절한 기간 동안만 구금될 수 있으며 다음의 권리를 가진다.

  i. 18세 이상의 성인 구금자들과 따로 구금될 권리

  ii. 아동의 연령을 감안한 대우를 받고 연령을 고려한 여건에 있을 권리

h. 아동에게 영향을 미치는 민사 소송에서, 그렇게 하지 않는다면 실질적 불의가 초래될 경우, 국가가 비용을 부담하여 국선변호사를 배정받을 권리

ⅰ. 무력 충돌에 직접 이용되지 않을 권리, 무력 충돌 시 보호를 받을 권리

② 아동의 최대 이익은 아동에 관한 모든 사안에서 가장 중요하다.

③ 본 조에서 "아동"은 연령이 18세 미만인 자를 의미한다.

제29조 (교육)

① 모든 사람은 다음의 권리를 가진다.

 a. 성인 기초 교육을 포함한 기초 교육을 받을 권리

 b. 국가가 적절한 조치를 통해 점진적으로 이용 및 접근 가능하도록 해야 하는 계속 교육을 받을 권리

② 모든 사람은 해당 교육이 합리적으로 실행 가능한 공공 교육기관에서 공용어 또는 각자가 선택한 언어로 교육을 받을 권리를 가진다. 이러한 권리에 대한 효과적인 접근을 보장하고 이러한 권리의 충족을 보장하기 위해 국가는 다음 사항을 고려하여 단일 매개 시설을 포함한 모든 합리적 교육 대안을 검토해야 한다.

 a. 형평성

 b. 실행 가능성

 c. 과거의 인종차별적 법률 및 관행에 따른 결과를 보상해야 할 필요성

③ 모든 사람은, 자신이 비용을 부담하여, 다음과 같은 독립적 교육기관을 설립 및 유지할 권리를 가진다.

 a. 인종에 근거한 차별을 하지 않으며,

 b. 국가에 등록되어 있고,

 c. 동등한 공공 교육기관의 수준에 뒤떨어지지 않는 수준을 유지한다.

④ 전항은 독립적 교육기관에 대한 국가 보조금을 막지 않는다.

제30조 (언어 및 문화) 모든 사람은 자신이 선택한 언어를 사용하고 자신이 선택한 문화생활에 참여할 권리를 가지지만, 이러한

권리들을 행사하는 누구도 권리상선의 규정에 **부합하지 않는** 방식으로 그 권리를 행사해서는 안 된다.

제31조 (문화, 종교 및 언어 공동체)

① 문화, 종교 또는 언어 공동체에 속하는 자들은, 해당 공동체의 다른 구성원들과 함께, 다음의 권리를 거부 당해서는 안 된다.

  a. 각자의 문화를 향유하고 각자의 종교를 실천하며 각자의 언어를 사용할 권리

  b. 문화, 종교 및 언어 단체와 기타 시민 사회 조직을 결성, 가입 및 유지할 권리

② 전항의 권리는 권리장전의 규정에 위배되는 방식으로 행사해서는 안 된다.

제32조 (정보에 대한 접근)

① 모든 사람은 다음의 정보에 접근할 권리를 가진다.

  a. 국가가 보유한 모든 정보

  b. 타인이 보유하고 있는 정보로서 권리의 행사 또는 보호를 위해 필요한 모든 정보

② 이러한 권리를 구현하기 위하여 국가의 입법이 행해져야 하고, 국가의 행정적, 재정적 부담을 덜기 위해 적절한 조치를 규정할 수 있다.

제33조 (공정한 행정처분)

① 모든 사람은 합법적이고 합리적이며 절차상 공정한 행정처분을 받을 권리를 가진다.

② 행정처분으로 인해 권리를 침해당한 사람은 누구나 사유서를 제공받을 권리를 가진다.

③ 국법이 이러한 권리를 구현하기 위하여 제정되어야 하며,

  a. 법원 또는 적절한 경우 독립적이며 공정한 심판위원회에 의한 행정처분 재심절차를 규정해야 하고,

b. 상기 제1항 및 제2항의 권리를 구현해야 할 의무를 정부에 부과해야 하며,

c. 효율적인 행정을 촉진해야 한다.

제34조 (법원에 대한 접근) 모든 사람은 법률의 적용으로 해결될 수 있는 모든 분쟁을, 법원 또는 적절한 경우 독립적이며 공정한 심판위원회 또는 포럼에서 공정한 청문회를 거쳐, 판결을 받을 권리를 가진다.

제35조 (체포, 구금 및 기소된 자)

① 범죄를 범한 혐의로 체포된 모든 사람은 다음의 권리를 가진다.

a. 묵비권을 행사할 권리

b. 다음 사항을 즉시 통보받을 권리

 i . 묵비권을 행사할 권리

 ii . 묵비권을 행사하지 않을 경우의 영향

c. 당사자에게 불리한 증거로 사용할 수 있는 자백 또는 시인을 강요 받지 않을 권리

d. 합리적으로 가능한 한 빨리, 늦어도 다음 기간 이내에 재판에 회부될 권리

 i . 구속된 지 48시간 이내, 또는

 ii . 48시간의 시한이 통상적인 공판 시간이 아닌 시간에 또는 통상적인 공판일이 아닌 날에 만료되는 경우, 48시간이 초과된 후 첫 번째 공판일이 끝나기 전

e. 체포된 후 최초로 법정에 출두 시, 구금이 계속되는 사유를 설명 또는 통보받거나 방면될 권리

f. 정당한 경우, 적절한 조건에 따라 방면될 권리

② 법정 선고를 받은 수감자를 포함해 구금된 모든 사람은 다음의 권리를 가진다.

a. 구금 사유를 즉시 통보받을 권리

b. 변호사를 선택하고 변호사와 상의할 권리, 그리고 이러한 권리를 즉시 통보받을 권리

c. 그렇게 하지 않는다면 실질적 불의가 초래될 경우, 정부가 비용

을 부담하여 국선변호사를 배성받을 권리, 그리고 이러한 권리를
즉시 통보받을 권리

d. 법정에서 구금의 합법성에 대해 직접 이의를 제기할 권리, 그리
고 그러한 구금이 불법일 경우 방면 될 권리

e. 최소한 정부가 비용을 부담하는 충분한 수용 공간, 영양, 독서 자
료 및 치료의 사용 및 제공을 포함해 인간의 존엄성에 부합하는
구금 환경을 가질 권리

f. 다음의 관계자와 연락하고 이들 관계자의 면회를 받을 권리

  ⅰ. 본인의 배우자 또는 파트너

  ⅱ. 본인의 최근친

  ⅲ. 본인이 선택한 종교 상담자

  ⅳ. 본인이 선택한 의사

③ 모든 피고인은 다음의 권리를 포함해 공정한 재판을 받을
권리를 가진다.

a. 답변에 필요한 충분한 세부 내용과 함께 혐의를 통보받을 권리

b. 변호를 준비하기에 충분한 시간 및 편의를 가질 권리

c. 일반 법정에서 공판을 받을 권리

d. 불필요한 지체 없이 재판이 시작 및 종결되도록 할 권리

e. 재판 중에 출석할 권리

f. 변호사를 선택하고 변호사가 피고인을 대리하도록 할 권리, 그리
고 이러한 권리를 즉시 통보받을 권리

g. 그렇게 하지 않는다면 실질적 불의가 초래될 경우, 정부가 비용
을 부담하여 국선변호사를 배정받을 권리, 그리고 이러한 권리를
즉시 통보받을 권리

h. 무죄를 주장할 권리, 묵비권을 행사할 권리, 그리고 소송 과정에
서 증언을 하지 않을 권리

i. 증거를 제시할 권리와 증거에 대해 이의를 제기할 권리

j. 자기부죄(自己負罪) 증거 제공을 강요받지 않을 권리

k. 피고인이 이해할 수 있는 언어로 재판을 받을 권리, 또는 그러한
재판을 할 수 없는 경우, 해당 언어로 소송 절차를 통역 받을 권리

l. 해당 행위 또는 부작위를 저지른 시점에 국내법이나 국제법 중 어

느 쪽에 의해서도 범죄가 아닌 행위 또는 부작위를 이유로 유죄 판결을 받지 않을 권리

m. 이전에 무죄 또는 유죄 선고를 받은 행위 또는 부작위와 관련한 범죄에 대해 재판을 받지 않을 권리

n. 어떤 범죄를 저지른 시점부터 판결 시점까지 해당 범죄에 대해 규정된 처벌의 내용이 변경된 경우, 규정된 처벌 중 형량이 가장 낮은 처벌을 받을 권리

o. 상급 법원에 항소할 권리 또는 상급 법원에서 재심을 받을 권리

④ 본 조에 따라 누군가에게 정보를 전달해야 할 경우, 해당 정보는 당사자가 이해할 수 있는 언어로 전달되어야 한다.

⑤ 해당 증거의 인정이 재판을 부당하게 만들거나 사법 집행을 저해할 우려가 있는 경우, 권리장전에 포함된 권리를 침해하는 방식으로 획득된 증거는 배제되어야 한다.

제36조　(권리의 제한)

① 권리장전에 포함된 권리는, 그러한 권리의 제한이 다음을 포함한 모든 관련 요소를 고려할 때 인간의 존엄성, 평등 및 자유에 기초한 열린 민주 사회에서 적절하고 정당한 범위에서, 일반적으로 적용되는 법률에 의해서만 제한할 수 있다.

a. 권리의 본질

b. 제한의 목적의 중요성

c. 제한의 본질과 범위

d. 제한과 목적의 관련성

e. 목적을 달성하기 위한 덜 제한적인 수단

② 전항 또는 본 헌법의 기타 조항에 명시된 경우에 의하지 않고는, 어떠한 법률도 권리장전에서 보호하는 권리를 제한할 수 없다.

제37조　(비상사태)

① 비상사태는 다음의 경우에 한해서, 국회 제정법에 따라서

만 선포할 수 있다.

a. 전쟁, 침공, 전면적 반란, 소요, 천재지변 또는 기타 공적 위급 상
  황으로 인해 국가의 존속이 위태로울 경우

b. 평화와 질서를 회복하기 위해 선포가 필요한 경우

② 비상사태의 선포와 그러한 선포의 결과로 제정된 모든 법
  률 또는 시행된 기타 조치는,

a. 미래에 대해서만 효력을 가지며,

b. 하원이 비상사태 선포를 연장하기로 의결하지 않는 한, 비상사태
  선포일로부터 최대 21일 동안만 유효하다. 하원은 비상사태 선포
  를 1회에 최대 3개월간 연장할 수 있다. 비상사태의 첫 번째 연장
  은 하원의원의 과반수 찬성표로 채택된 결의안을 통해 이루어져
  야 한다. 이후의 모든 연장은 하원의원의 60% 이상의 찬성표로
  채택된 결의안을 통해 이루어져야 한다. 본 항에 따른 결의안은
  하원에서 공개 토론을 실시한 후에만 채택할 수 있다.

③ 모든 관할 법원은 다음의 유효성을 결정할 수 있다.

a. 비상사태의 선포

b. 비상사태 선포의 연장

c. 비상사태를 선포한 결과로 제정된 모든 법률 또는 시행된 기타
  조치

④ 비상사태의 선포에 따른 결과로 제정된 모든 법률은 다음
  에 해당하는 경우에 한해서만 권리장전의 적용 대상에서
  제외될 수 있다.

a. 그러한 적용 제외가 비상사태에 의해 엄격하게 요구되며

b. 해당 법률이

  ⅰ. 비상사태에 적용되는 국제법에 따른 공화국의 의무에 부합하고

  ⅱ. 하기 제5항의 규정을 충족하며

  ⅲ. 제정 후 합리적으로 가능한 한 빨리 중앙정부 관보에 공고될 경우

⑤ 비상사태의 선포를 승인하는 국회 제정법과 선포의 결과
  로 제정된 법률 또는 시행된 기타 조치는 다음을 허용 또는

승인할 수 없다.

a. 불법행위에 대한 국가 또는 사람의 면책

b. 본 조에 대한 적용 제외

c. 적용 제외 대상이 아닌 권리를 나열한 아래 표의 1열에 명시된 각 조에 대한, 표의 3열 해당 조의 맞은편에 제시된 범위에서의, 적용 제외

적용 제외 대상이 아닌 권리

1. 조 번호	2. 조 제목	3. 권리의 보호 범위
9	평등	오로지 인종, 피부색, 민족적 또는 사회적 출신, 성별, 종교 또는 언어에 근거한 부당한 차별에 관련된 경우
10	인간의 존엄성	모든 경우
11	생존	모든 경우
12	개인의 자유와 안전	제1항 제d호·제e호 및 제2항 제c호와 관련된 경우
13	노예 제도, 노역 및 강제 노동	노예 제도 및 노역과 관련된 경우
28	아동	다음에 관련된 경우 – 제1항 제d호·제l호 – 제1항 제g호 제목·제ii목
35	체포, 구금 및 기소된 자	다음에 관련된 경우 – 제1항 제a호·제b호·제c호 및 제2항 제d호 – 제3항의 제a호~제o호에 명시된 권리(제d호 제외) – 제4항 – 해당 증거의 인정이 재판을 부당하게 만들 우려가 있는 경우 증거의 배제에 관한 제5항

⑥ 비상사태의 선포로 인한 권리의 적용 제외에 따른 결과로서 누군가가 재판 없이 구금될 경우, 항상 다음의 조건을 준수해야 한다.

a. 구금자의 성인 가족 구성원 또는 친구가 합리적으로 가능한 한

빨리 연락을 받아야 하며, 해낭자가 구금된 사실을 통보받아야 한다.

b. 구금자의 성명 및 구금 장소를 명시하고 해당자의 구금이 이루어진 근거가 된 비상조치를 언급하는 통지가 해당자가 구금된 지 15일 이내에 중앙정부 관보에 공고되어야 한다.

c. 구금자는 의사를 선택하고 언제든 적절한 시기에 의사의 방문을 받도록 허락되어야 한다.

d. 구금자는 법적 대리인을 선택하고 언제든 적절한 시기에 법적 대리인의 방문을 받도록 허락되어야 한다.

e. 법원은 해당자가 구금된 후 합리적으로 가능한 한 빨리, 늦어도 10일 이내에 구금 내용을 재심해야하며, 평화와 질서를 회복하기 위해 구금을 계속 유지할 필요가 있는 경우가 아니라면 구금자를 방면해야 한다.

f. 상기 제e호에 따른 재심에 의해 방면되지 않은 구금자 또는 본 호에 따른 재심에 의해 방면되지 않은 구금자는 이전 재심이 실시되고 10일이 경과한 이후의 어느 시점에든 구금에 대한 새로운 재심을 법원에 신청할 수 있으며, 평화와 질서를 회복하기 위해 구금을 계속 유지할 필요가 여전히 있는 경우가 아니라면 법원은 구금자를 방면해야 한다.

g. 구금자는 해당 구금과 관련된 모든 재판에 직접 출석하고, 그러한 심리에서 구금자의 변호사가 법적 대리인이 되도록 하며, 계속적 구금에 항의하게 하도록 허락되어야 한다.

h. 국가는 구금자의 계속적 구금을 정당화하기 위해 사유서를 법원에 제출해야 하며, 법원에서 구금을 재심하는 일자의 적어도 2일 전에 구금자에게 그러한 사유서의 사본을 전달해야 한다.

⑦ 법원이 구금자를 방면할 경우, 해당자를 재구금해야 하는 정당한 사유를 국가가 먼저 법원에 입증하지 않는 한, 해당자를 동일한 사유를 근거로 재구금할 수 없다.

⑧ 상기 제6항 및 제7항은 남아프리카공화국 국민이 아니며 국제적 무력 충돌의 결과로 구금된 자에게는 적용되지 않

는다. 그 대신, 국가는 그러한 자의 구금과 관련해 국제인
도법에 따라 공화국에 대해 구속력을 갖는 규범을 준수해
야 한다.

제38조 (권리의 집행) 본 조에 열거된 모든 사람은 관할 법원에 접근
하여 권리장전에 포함된 권리가 침해되었거나 위협을 받았다
는 혐의를 제기할 권리를 가지며, 법원은 권리의 선언을 포함
해 적절한 구제책을 승인할 수 있다. 법원에 접근할 수 있는
사람은 다음과 같다.

   a. 자신의 이익을 위해 행동하는 모든 자

   b. 직접 행동할 수 없는 타인을 대신하여 행동하는 모든 자

   c. 여러 명으로 이루어진 집단 또는 계층의 구성원으로서 행동하거
     나 그러한 집단 또는 계층의 이익을 위해 행동하는 모든 자

   d. 공익을 위해 행동하는 모든 자

   e. 구성원의 이익을 위해 행동하는 단체

제39조 (권리장전의 해석)

① 권리장전을 해석할 때 법원, 심판위원회 또는 포럼은

   a. 인간의 존엄성, 평등 및 자유에 기초한 열린 민주사회의 근간이
     되는 가치들을 증진해야 하며

   b. 국제법을 고려해야 하고

   c. 외국법을 고려할 수 있다.

② 법률을 해석할 때 그리고 커먼로(common law) 혹은 관습
법을 개발할 때, 모든 법원, 심판위원회 또는 포럼은 권리
장전의 정신, 취지 및 목적을 증진해야 한다.

③ 권리장전은 해당 법이 권리장전에 부합하는 범위에서, 커
먼로(common law), 관습법 또는 법률에 의해 인정 또는
부여된 그 외의 모든 권리 또는 자유의 존재를 부인하지 않
는다.

참고문헌

차병직·윤재왕·윤지영, 『안녕 헌법』, 지안, 2009.

임지봉, 「누구를 위한 어떤 개헌이어야 하는가?」, 『월간 인물과사상』, 2006년 9월호.

원용찬, 「토지는 절대 사유할 수 없다」, 『월간 인물과사상』, 2014년 6월호.

이강로·이근, 『개헌 논의와 향후 대선 구도』, 미래전략연구원, 2007.

윤종인, 『헌법 개정의 논리와 전략』, 미래전략연구원, 2008.

손병권·이강로·임지봉·하세헌, 『개헌의 내용과 절차에 대한 검토』, 미래전략연구원, 2008.

박명호, 『개헌의 필요조건과 충분조건』, 미래전략연구원, 2008.

김욱, 『개헌의 정치적 의미와 권력구조 개편』, 미래전략연구원, 2008.

김근식, 『개헌 논의와 통일 문제』, 미래전략연구원, 2008.

김상겸, 『통치구조와 기본권』, 한국여성유권자연맹, 2009.

김종인 등, 『헌법연구자문위원회 결과보고서』, 헌법연구자문위원회, 2009.

신평, 『헌법 개정의 필요성과 그 바람직한 방향』, 국회 미래한국헌법연구회, 2010.

김영래, 『개헌의 성공을 위한 절차와 합의』, 국회 미래한국헌법연구회, 2010.

임혁백, 『개헌의 필요성과 실현가능성』, 국회 미래한국헌법연구회, 2010.

오호택, 『헌법개정의 절차와 헌법개정의 가능성』, 국회 미래한국헌법연구회, 2010.

김상겸, 『헌법개정의 시기와 방향』, 국회미래한국헌법연구회, 2010.

장영수, 『개헌의 기본 방향』, 국회 미래한국헌법연구회, 2010.7

조정찬, 『일류 국가를 위한 헌법개정의 방향과 과제』, 국회 미래한국헌법연구회, 2010.

정재황, 『현행 헌법의 쟁점과 전망』, 국회 미래한국헌법연구회, 2010.

박인수, 『헌법개정과 선진한국』, 국회 미래한국헌법연구회, 2010.

김용호, 『헌정공학의 새로운 이론적 틀 모색』, 국회 미래한국헌법연구회, 2010.

문광삼, 『헌법 전문의 개정 방향』, 국회 미래한국헌법연구회, 2010.

최용기, 「대한헌법 전문의 개정 방향」, 국회 미래한국헌법연구회, 2010.

김성호, 「'우리들 대한민국'의 정체성과 정당」, 국회 미래한국헌법연구회, 2010.

민병로, 「헌법 전문과 5·18정신」, 국회 미래한국헌법연구회, 2010.

강경근, 「대한민국 헌법의 영토·통일 조항 개정에 관하여」, 국회 미래한국헌법연구회, 2010.

도회근, 「영토와 통일 관련 조항에 관한 검토」, 국회 미래한국헌법연구회, 2010.

심경수, 「영토 조항의 통일지향적 의미와 가치」, 국회 미래한국헌법연구회, 2010.

장명봉, 「남북관계의 변천과 영토 조항에 대한 관견」, 국회 미래한국헌법연구회, 2010.

제성호, 「영토와 통일 관련 조항에 관한 검토」, 국회 미래한국헌법연구회, 2010.

김배원, 「한국 헌법사와 현행 헌법 기본권 보장의 개정 방향」, 국회 미래한국헌법연구회, 2010.

김선택, 「21세기에 맞는 인권보장을 위한 한국 헌법 기본권편 개정 방향」, 국회 미래한국헌법연구회, 2010.

김종세, 「기본권 일반 조항의 바람직한 헌법개정 방향」, 국회 미래한국헌법연구회, 2010.

임지봉, 「미래 헌법, 무엇이 바람직한가?」, 국회 미래한국헌법연구회, 2010.

조홍석, 「현행 헌법 기본권 규정의 쟁점과 개정 방향」, 국회 미래한국헌법연구회, 2010.

한상운, 「현행 헌법상 기본권 체계 및 범위에 관한 고찰」, 국회 미래한국헌법연구회, 2010.

홍성방, 「헌법개정과 기본권」, 국회 미래한국헌법연구회, 2010.

정영화, 「현대사회의 변화에 따른 '인간의 존엄과 가치'에 대한 헌법 해석」, 국회 미래한국헌법연구회, 2010.

이효원, 「범죄피해자의 헌법상 기본권 보호」, 국회 미래한국헌법연구회, 2010.

김일환, 「헌법상 사생활 관련 자유의 개정 방향과 내용에 관한 고찰」, 국회 미래한국헌법연구회, 2010.

진석용, 「'양심적 병역거부'의 현황과 법리」, 국회 미래한국헌법연구회, 2010.

윤재만, 「재산권과 기본권 이론」, 국회 미래한국헌법연구회, 2010.

표명환, 「통일한국에서의 재산권 보장의 헌법적 과제」, 국회 미래한국헌법연구회, 2010.

김웅규, 「군인의 헌법상 기본권 보장을 위한 연구」, 국회 미래한국헌법연구회, 2010.

한수웅, 「교육을 받을 권리와 국가교육 권한의 한계」, 국회 미래한국헌법연구회, 2010.

허종렬, 「교육기본권 영역의 헌법 개정 문제 검토」, 국회 미래한국헌법연구회, 2010.

최윤철, 「다문화 가족 자녀들의 교육을 받을 권리」, 국회 미래한국헌법연구회, 2010.

박종희, 「노동3권의 보장 의의와 내용」, 국회 미래한국헌법연구회, 2010.

이종영, 「환경보호에 관한 헌법의 개정 방안」, 국회 미래한국헌법연구회, 2010.

정극원, 「환경권의 바람직한 개헌 방향」, 국회 미래한국헌법연구회, 2010.

박은수, 「'완전한 참여와 통합'을 위한 헌법개정 방안」, 국회 미래한국헌법연구회, 2010.

한병호, 「사회적 기본권 규정에 관한 헌법개정의 검토」, 국회 미래한국헌법연구회, 2010.

김남근, 「미래 헌법에서 사회적 기본권과 경제 조항」, 국회 미래한국헌법연구회, 2010.

홍일선, 「고령사회를 대비한 헌법적 논의」, 국회 미래한국헌법연구회, 2010.

김귀순, 「성평등 지속가능한 사회를 위한 한국 헌법 기본권 개정 방향」, 국회 미래한국헌법연구회, 2010.

김병록, 「생명권과 관련된 몇 가지 문제점들」, 국회 미래한국헌법연구회, 2010.

방희선, 「사법제도 개편에 관한 의견」, 국회 미래한국헌법연구회, 2010.

정종섭, 「한국 법원, 대대적인 범국민적 개혁이 필요하다」, 국회 미래한국헌법연구회, 2010.

이헌환, 「사법제도 개헌 – 사법권력의 정상화를 위하여」, 국회 미래한국헌법연구회, 2010.

임지봉, 「사법부와 관련된 개헌 쟁점 검토」, 국회 미래한국헌법연구회, 2010.

권영준, 「진정한 공동체 가치 추구가 반영된 헌법상 경제 조항의 필요성」, 국회 미래한국헌법연구회, 2010.

김성수, 「헌법상 경제 조항에 대한 개정론」, 국회 미래한국헌법연구회, 2010.

남기업, 「헌법의 경제 조항 개정 방향」, 국회 미래한국헌법연구회, 2010.

민경국, 「대한민국 경제헌법의 문제와 헌법개정 방향」, 국회 미래한국헌법연구회, 2010.

전성인, 「경제행위와 헌법 규율」, 국회 미래한국헌법연구회, 2010.